知识就在得到

A
Comprehensive
Mirror
to Aid in
Government

Series.IV

资治通鉴

熊逸版

熊逸 著

第四辑　汉家隆盛　⑨

Xiong Yi
Edition

新星出版社　NEW STAR PRESS

目录

第九册 汉纪十五

孝昭皇帝上

——汉昭帝始元元年

192 武帝遗诏封侯有什么疑点　　1735

——汉昭帝始元元年至二年

193 霍光是怎么小心翼翼辅佐昭帝的　　1745

——汉昭帝始元三年至五年

194 上官桀和霍光的权力平衡是怎么被打破的　　1755

195 隽不疑如何解决天大的伦理难题　　1765

196 如果黄衣人是真太子怎么办　　1773

——汉昭帝始元六年

197 盐铁议的双方到底在争论什么　　1782

198 苏武是怎样回到汉帝国的　　　　　　　1790

——汉昭帝始元六年至元凤元年
199 李陵为什么不肯归汉　　　　　　　　　1799
200 扳倒霍光的阴谋是怎么破产的　　　　　1810

——汉昭帝元凤元年至三年
201 御史大夫王訢是怎么上位的　　　　　　1820
202 为什么说汉代正在重回秦律路线　　　　1829
203 霍光是怎么处理乌桓造反的　　　　　　1838

——汉昭帝元凤四年
204 傅介子为什么申请刺杀龟兹王　　　　　1847

——汉昭帝元凤四年至六年
205 傅介子是怎么成功刺杀楼兰王的　　　　1856

附录

206 汉宣帝为什么能顺畅地行使皇权　　　　1873
207 如何从开疆拓土的角度看历史　　　　　1880
208 独尊儒术的汉代为什么遍地酷吏　　　　1888
209 为什么武帝用人可以不拘一格　　　　　1894
210 为什么赋成了汉代文学的主流　　　　　1901

汉纪十五

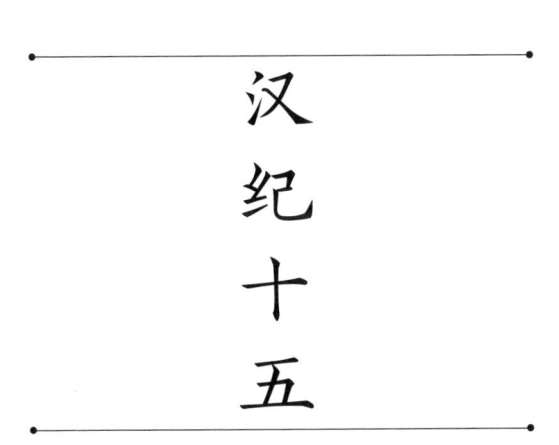

公元前86年至公元前75年

孝昭皇帝上

汉昭帝始元元年

192

武帝遗诏封侯有什么疑点

昭帝开局

这一讲进入《资治通鉴》第二十三卷,"汉纪十五·孝昭皇帝上",从汉昭帝始元元年(前86年)开始。

汉昭帝,也就是武帝的幼子刘弗陵,上一年继位,这一年逾年改元,迎来了自己执政生涯的新开始。按照当时的算法,他只有九岁,并没有亲政的能力,所以种种错综复杂的朝廷大事都由霍光等人操心处理。

原文:

(始元元年)

夏，益州夷二十四邑、三万余人皆反。遣水衡都尉吕破胡募吏民及发犍为、蜀郡奔命往击，大破之。

新政的开局并不是很顺利，当年夏天就传来了叛乱的消息：益州夷大规模造反，人数多达三万。

这里所谓的益州，是武帝时代设置的益州郡，疆域大约在今天的云南省中部、南部和西北部一带，治所在滇池县，即今天昆明市晋宁区的东边。[1] 称当地人是"益州夷"，说明当时还是把他们当作西南夷来看待。朝廷派人从犍为郡和蜀郡就近调集人手，成功镇压了叛乱。

遗诏封侯

看到这里，你可能会有疑问：参考《资治通鉴》的编年纪事，进入始元元年，春正月怎么都该有一些例行公事，为什么司马光一笔就写到了夏天呢？

其实不难想见，像昭帝这样的非正常继位，怎么可能风平浪静？事情还要从上一年武帝驾崩时说起。

《汉书》记载，霍光、金日䃅和上官桀三人在粉碎

---

[1] 详见前文第161讲。

马氏兄弟谋反事件中出了力，但武帝一时没来得及封赏他们。不久之后，武帝写了一封遗诏，叮嘱要等到自己驾崩后再拆开来看。霍光等人在武帝驾崩后拆开遗诏，看到其中论功行赏，封金日磾为秺（dù）侯、上官桀为安阳侯、霍光为博陆侯。

当时，卫尉王莽的儿子王忽在宫中当差，他扬言武帝病重期间自己一直在他身边，并没有看到遗诏封侯的事情，认为这是霍光等人捏造出来自抬身价的把戏。霍光听到这番话，严厉地责备了王莽，而王莽竟然就把亲生儿子王忽毒死了。（《汉书·霍光金日磾传》）

这位王莽并不是后来篡夺汉朝政权的王莽，二人只是重名。不过，从大义灭亲的做法来看，这两位王莽确实有相似之处。那么，王莽的儿子王忽真的是在散播谣言吗？

这就不好说了。不过从情理而言，这份遗诏确实可疑。武帝如果想就粉碎马氏兄弟谋反事件论功行赏，或是特意提高这三位托孤大臣的待遇，完全可以在生前大大方方地完成封侯程序。幸而王莽坚定地和霍光站在一起，否则不知会引起多大的乱子。清朝学者毛际可在谈到这封遗诏时也表示，假托遗诏是权臣奸相的惯用手法，就像秦始皇的沙丘之诏。（［清］毛际可

《毛际可集·文集卷一》)

如果将此事与秦始皇的沙丘之诏相比，那么霍光小集团更要小心翼翼。因为胡亥的篡位得到了李斯的支持，而霍光、金日䃅、上官桀三人加起来也比不上李斯当时的分量。所以他们必须赶紧邀买人心、确立权威。

于是，在始元元年年初，霍光小集团追尊钩弋夫人为皇太后，为她建了一座陵墓，称为云陵。这算是为昭帝的生母做了名分上的安顿，昭帝的合法性更加稳固，三位托孤大臣的地位自然也水涨船高。

至于始元元年伊始发生的其他事，根据《汉书》的记载，春二月，有黄鹄飞来建章宫太液池。这被视为好事，因为自从推行《太初历》以来，汉帝国确认是土德，而黄色大鸟正是土德的祥瑞。乙亥日，昭帝举行了一次不太正式的亲耕典礼。之所以不太正式，大概是因为昭帝年纪太小，真要他扶犁锄地，显然不现实。

无论如何，亲耕的姿态已经摆出来了。武帝生前发布《轮台诏》，号召天下人专心务农，现在的小皇帝也乖乖照做了。除此之外，昭帝也要向皇亲国戚和文武百官积极示好。于是，他给哥哥燕王刘旦、广陵王刘胥和姐姐鄂邑公主每人增加封邑一万三千户。(《汉书·昭帝纪》)

这些才是本年年初紧锣密鼓忙碌的事，之后才发生了益州夷的叛乱。

原文：

秋，七月，赦天下。

大雨，至于十月，渭桥绝。

秋七月，昭帝下令赦天下，并赐酒赐肉给百姓。(《汉书·昭帝纪》)这么做的意图很清楚，除了对皇亲国戚和文武百官示好，也要对天下百姓示好。

那么，费了这么大的力，效果怎么样呢？我们把目光转向燕王刘旦。

燕王造反

原文：

武帝初崩，赐诸侯王玺书。燕王旦得书不肯哭，曰："玺书封小，京师疑有变。"遣幸臣寿西长、孙纵之、王孺等之长安，以问礼仪为名，阴刺候朝廷事。及有诏褒赐旦钱三十万，益封万三千户，旦怒曰："我当为帝，何赐也！"

刘旦得到赏赐后怒不可遏。这个反应是可以理解的。刘旦原本期待自己能成为太子，然后正常继位，天下都是他的。现在倒好，天下由一个孩子继承，自己明明是皇位的第一顺序继承人，却要跪拜在这个孩子的脚下，接受他的赏赐，是可忍孰不可忍。

原文：

遂与宗室中山哀王子长、齐孝王孙泽等结谋，诈言以武帝时受诏，得职吏事，修武备，备非常。郎中成轸谓旦曰："大王失职，独可起而索，不可坐而得也。大王壹起，国中虽女子皆奋臂随大王。"旦即与泽谋，为奸书，言："少帝非武帝子，大臣所共立；天下宜共伐之！"使人传行郡国以摇动百姓。泽谋归发兵临淄，杀青州刺史隽不疑。旦招来郡国奸人，赋敛铜铁作甲兵，数阅其车骑、材官卒，发民大猎以讲士马，须期日。郎中韩义等数谏旦，旦杀义等凡十五人。会瓶侯成知泽等谋，以告隽不疑。

既然忍无可忍，那么就该把造反的事情提上日程。刘旦一方面坐镇燕国，整军经武，筹备叛乱，另一方面大搞宣传攻势，满世界散播消息，说当今天子并不是武帝的亲生骨肉，天下应当合力讨伐乱臣贼子。他联合了两个皇亲——刘泽和刘长中，其中刘泽负责去临淄发动叛乱，杀掉青州刺史隽不疑。

宽宏大量

原文：

八月，不疑收捕泽等以闻。天子遣大鸿胪丞治，连引燕王。有诏，以燕王至亲，勿治；而泽等皆伏诛。

这么大的谋划，保密工作是最难做的。隽不疑很快得到了消息，先下手为强，收捕了刘泽一伙，并及时向朝廷汇报。

朝廷立即派人办案。查明案情并不难，难的是查明之后该怎么办。如果是在武帝时代，肯定是能株连多广就株连多广，随便就能有成千上万颗人头落地。但新政府却没有这么做——只杀了刘泽等人，表现得出奇温和。诏书还特别叮嘱，燕王刘旦是皇帝至亲，不能治他的罪。

根据褚少孙补写的《史记》，刘旦作为这场叛乱的主谋，不断散布消息说霍光才是昭帝的亲生父亲。但昭帝特别顾念兄弟之情，把案子压了下来，直到后来被公卿大臣们催得没办法，才派出宗正和其他几位官员出使燕国。这个使节团的人事安排可谓煞费苦心，有负责皇族事务的最高长官宗正，有御史，还有儒学专家。先是宗正拿着皇族的户籍和档案向刘旦罗列证据，证明昭帝确确实实是武帝之子。然后是御史发言，给刘旦讲法律，狠狠吓唬了刘旦一番。最后是儒学专家公户满意引经据典，给刘旦讲道理。这一套流程走完，软硬兼施，恩威并用，刘旦诚惶诚恐地认了罪，谢了恩，事情就这么翻篇了。(《史记·三王世家》)

上述人事安排和办事风格，显然是霍光小集团的主意，估计是想借此事来宣扬昭帝血统的纯正，为他继位的合法性再夯实一下基础。当然，这也彰显了昭帝的宽宏大量，可以尽最大限度安定人心。

至于刘旦本人到底是真心悔过还是虚与委蛇，其实并不重要。

严而不残

原文：

迁隽不疑为京兆尹。

不疑为京兆尹，吏民敬其威信。每行县、录囚徒还，其母辄问不疑："有所平反？活几何人？"即不疑多有所平反，母喜笑异于他时；或无所出，母怒，为不食。故不疑为吏，严而不残。

隽不疑作为此次平叛的首功之臣，从青州刺史升迁为京兆尹。

京兆尹既是官名，也是辖区名。前文讲过，武帝太初元年（前104年），右内史的地界被分为京兆尹和右扶风两部分，左内史的地界则改名为左冯翊，三者合称"三辅"。[1]管理京兆尹的长官也叫京兆尹，属于二千石级别的高官，地位比一般郡守要高。

把隽不疑放在京兆尹的位置上，跟宽恕燕王刘旦一样，都高调地表现了新时代政治风格的转向。隽不疑原本是渤海大儒，《春秋》学的专家，从言谈举止到穿衣打扮都特别合乎礼仪。当初，绣衣直指御史暴胜之看到隽不疑亮相，"容貌尊严，衣冠甚伟"，当即被震慑住了，忙不迭地放低姿态向隽不疑讨教。正是因为暴胜之的举荐，隽不疑才当了官。（《汉书·隽疏于薛平彭传》）

我们不难想见，以隽不疑的气场，做了京兆尹之后，从下属到百姓对他都很有敬意。隽不疑每次办案，母亲总会问他有没有平反冤狱，救活了多少人。如果平反的多，母亲就高兴；如果没有，母亲就表现得很郁闷，吃不下饭。所以，隽不疑做官虽然严厉，却不残暴。

---

[1] 详见前文第150讲。

这段内容取材于《汉书》，三言两语就塑造了一位贤母的形象。后来文人士大夫搞社交，如果是给官员的母亲写祝寿词，就常常拿这个典故来表达赞美。明人杨士奇写诗给同僚石仲玉时，就是这样夸赞他们母子的："平反日奉谖堂乐，全胜西京隽母心。"（[明]杨士奇《东里集·文集续编卷六十二·石宪使慈寿堂·其一》）

隽不疑要照顾母亲的情绪，这是孝道；他越是重视孝道，就越是认真做官，不冤枉一个好人。这所有的一切似乎都在昭告天下：新时代不同于以往了，大家就安心过日子吧。那么，真的会这么风平浪静吗？

汉昭帝始元元年至二年

193
霍光是怎么小心翼翼辅佐昭帝的

金日䃅过世

原文:

九月,丙子,秺敬侯金日䃅薨。初,武帝病,有遗诏,封金日䃅为秺侯,上官桀为安阳侯,霍光为博陆侯;皆以前捕反者马何罗等功封。日䃅以帝少,不受封,光等亦不敢受。及日䃅病困,光白封,日䃅卧受印绶;一日薨。日䃅两子赏、建俱侍中,与帝略同年,共卧起。赏为奉车,建驸马都尉。

这一讲我们继续讲述昭帝始元元年(前86年)的

事件。九月丙子日，金日磾过世，这肯定是武帝没有料到的情况。当初，霍光、金日磾、上官桀接受武帝托孤，组成了一个核心铁三角，为年幼的昭帝保驾护航。结果人算不如天算，金日磾的过世一下子打破了权力的制衡，让霍光和上官桀的关系变得微妙起来。

这是后话。眼下我们要关心的是，武帝遗诏问题因此被触发了。

《资治通鉴》交代，金日磾考虑到现任天子年幼，所以不肯接受武帝遗诏里的册封。他这般高风亮节，搞得铁三角里的另外两个人也不好意思接受。一直到金日磾病危，霍光才向昭帝请示，让金日磾接受武帝遗诏的册封。

昭帝还只是个孩子，金日磾则躺在病床上奄奄一息，这一切其实全由霍光安排——金日磾在病床上接受了侯爵印绶，第二天便与世长辞。霍光接下来的表现倒是很有托孤大臣的风范：他让金日磾的两个儿子金赏和金建都当上了侍中，是昭帝亲信中的亲信，而且他们和昭帝年龄相仿，玩在一起，睡在一起。

金赏授职奉车都尉，金建授职驸马都尉。按说这两个孩子是平级关系，但金赏的身上额外挂了一条父亲金日磾的侯爵印绶，比弟弟金建更显尊崇。

原文：

及赏嗣侯，佩两绶，上谓霍将军曰："金氏兄弟两人，不可使俱两绶邪？"对曰："赏自嗣父为侯耳。"上笑曰："侯不在我与将军乎？"对曰："先帝之约，有功乃得封侯。"遂止。

昭帝问霍光："难道就不能让霍家两兄弟佩戴同样的印绶吗？"霍光回答："金赏是秺侯的继承人，所以比弟弟金建多一条印绶。"昭帝笑着说："封不封侯，还不是您和我一句话的事吗？"霍光答道："先帝有规定，必须有功才能封侯。"

昭帝这才打消了给小伙伴金建封侯的念头。

霍光的回复反映出他特别尊重传统。所谓有功，原本特指军功；当年武帝为了给李广利封侯，特意给他安排了征伐大宛的任务。后来武帝立了新规矩，表示丞相也可以封侯，田千秋就是这样被封为富民侯的。至于武帝遗诏让托孤三大臣因功封侯——三大臣并不是丞相，只是伺候武帝多年的忠仆；他们所谓的功劳也不过是制服了马何罗兄弟的行刺，谈不上军功。退一步说，即便把这件事等同于军功，有资格封侯的应该也只有金日磾一个人，霍光和上官桀最多就是帮着收收官，敲敲边鼓。

所以，霍光规劝小皇帝时，只能泛泛而谈封侯必须有功。倘若昭帝追问一句"有功指的是怎样的功"，霍光就只有尴尬了。

原文：

闰月，遣故廷尉王平等五人持节行郡国，举贤良，问民疾苦、冤、失职者。

冬，无冰。

当年闰月，朝廷派人持节巡行天下郡国。这一来是为了推举各地贤人，二来则是为了查访民间疾苦，平反冤狱，查办失职官员。

当年冬天，天气反常，没有结冰。

霍光为政

原文：

（二年）

春，正月，封大将军光为博陆侯，左将军桀为安阳侯。

昭帝始元二年（前85年），霍光受封博陆侯，上官桀受封安阳侯，武帝的遗诏终于得以彻底执行。主持朝政的霍光，无论是接受还是推辞爵位，全凭自己的心意。当年那个在武帝身边谨小慎微，二十多年走路不踏偏一步的小人物，终于熬出头了。

原文：

或说霍光曰："将军不见诸吕之事乎？处伊尹、周公之位，摄政擅权，而背宗室，不与共职，是以天下不信，卒至于灭亡。今将军当盛位，帝春秋富，宜纳宗室，又多与大臣共事，反诸吕道。如是，则可以免患。"

光然之，乃择宗室可用者，遂拜楚元王孙辟疆及宗室刘长乐皆为光禄大夫，辟疆守长乐卫尉。

这时忽然有人提醒霍光："您不知道当年诸吕的下场吗？您现在处在伊尹、周公的位置，大权独揽，却不把权力和皇族共享，天下人是不可能相信您的。您一定要和诸吕反着做，才可以免除后患。"

这个提醒来得很及时，也很在理。诸吕之所以耀武扬威了那么多年，是因为背后有吕后撑腰，而吕后的权威是很少有人胆敢挑战的。吕后死后，失去靠山的诸吕马上被铲除了。而霍光的权威性来自武帝的托孤，等再过几年昭帝长大了，武帝对汉帝国的精神控制力衰弱，霍光的处境确实不乐观。

以霍光的威望和权力，就算想篡位也没有成功的机会。他唯一的办法就是好好辅佐昭帝，同时加强自己和自家人的权威，争取更多的盟友。要知道，经过武帝这些年来的雷霆手段，被杀的、被逼死的、被羞辱的皇族子弟不计其数，这些怨念汇聚而成的力量虽然奈何不了武帝，却足以威胁到立足未稳的霍光。

所以，霍光为了稳定局面，开始主动向皇族开放政府职位——刘辟疆、刘长乐被任命为光禄大夫，刘辟疆同时代理长乐卫尉——连长乐宫的警卫工作都改由刘家人负责。

其实在刘邦时代，卫尉这个岗位不仅由刘家人担任，而且世袭。营陵侯刘泽原本"世为卫尉"，世世代代垄断卫尉岗位。[1] 这个传统中断了好几代人，如今被霍光接续上了。

这体现了历朝历代的一个规律：统治基础越牢靠，统治者越是容易以自己的力量和偏好去颠覆传统；而统治基础越不牢靠，统治者就越是倾向于借助传统的力量来稳固统治。

---

[1] 详见《资治通鉴熊逸版》（第三辑）第202讲。

休养生息

原文：

三月，遣使者振贷贫民无种、食者。

秋，八月，诏曰："往年灾害多，今年蚕、麦伤，所振贷种、食勿收责，毋令民出今年田租！"

三月，朝廷派使者关注民生，为那些没有种子和吃不上饭的人家提供救济。救济的名义是借贷，不是无偿赠予。但到了秋收季节，昭帝下诏，表示特别体谅农民的难处，先前农民借的种子不用还了，债务一笔勾销，连今年一整年的田租也一并免除。

这道诏书不但充分向民间释放善意，而且与武帝当年的《轮台诏》相呼应，向世人表明，这一届领导班子的基本态度是休养生息，绝不折腾。眼下确实是个休养生息的好时机，因为我们马上会看到，匈奴在这一年发生政权更迭，新一任的壶衍鞮单于自顾不暇，根本无力发动战争。

匈奴内乱

原文：

初，武帝征伐匈奴，深入穷追，二十余年，匈奴马畜孕重堕殰，罢极，苦之，常有欲和亲意，未能得。

当初，武帝对匈奴穷追猛打，历时二十多年。匈奴实力被严重削弱，所以和亲的意愿很强。但单于始终低不下高傲的头颅，只愿意接受和从前一样的和亲关系，不肯当汉帝国的藩属国。而武帝一旦对匈奴占了上风，就想趁热打铁把匈奴彻底制服，和亲的条件自然谈不拢。

最近这些年，匈奴经过了一段时间的休养生息，实力有所恢复，甚至开始扭转胜负的天平。偏偏这时，一场致命的天灾横扫一切。狐鹿姑单于把它理解为李广利的诅咒，但不管怎么祭祀李广利，匈奴还是元气大伤。

通过这件事，我们再一次看到游牧民族的软肋：他们的储藏能力太差，所以抗风险能力远在农耕民族之下。别看他们在战场上抢了那么多财富，牛羊满山满谷，只要一场天灾就能让一切清零。

原文：

狐鹿姑单于有异母弟为左大都尉，贤，国人向之。母阏氏恐单于不立子而立左大都尉也，乃私使杀之。左大都尉同母兄怨，遂不肯复会单于庭。是岁，单于病且死，谓诸贵人："我子少，不能治国，立弟右谷蠡王。"及单于死，卫律等与颛渠阏氏谋，匿其丧，矫单于令，更立子左谷蠡王为壶衍鞮单于。左贤王、右谷蠡王怨望，率其众欲南归汉，恐不能自致，即胁卢屠王，欲与西降乌孙。卢屠王告之单于，使人验问，右谷蠡王不服，反以其罪罪卢屠王，国人皆冤之。于是二王去居其所，不复肯会龙城，匈奴始衰。

就在本年度，狐鹿姑单于病重，担心儿子太小，想把单于的位置传给弟弟右谷蠡王。但等狐鹿姑一死，阏氏和卫律联手秘不发丧，假传单于指令，还是立了狐鹿姑的儿子为新单于，这就是壶衍鞮单于。新仇夹杂着旧恨，终于引发了匈奴严重的内乱和分裂。

除了右谷蠡王，狐鹿姑单于还有一个同父异母的兄弟做左大都尉，很得人心。阏氏生怕单于会舍弃自己的儿子而立左大都尉为继承人，便秘密派人把他刺杀了。左大都尉的同母哥哥记下了这笔血债，从此不再参加单于的王庭集会。这就相当于搞独立，不认单于当头领了。当然，本该继任单于的右谷蠡王因为卫律和阏氏搞阴谋，被深深辜负，肯定也气不过。于是，左贤王和右谷蠡王带着满腔愤恨，打算率领部众投奔汉帝国。

《资治通鉴》从《汉书·匈奴传》里摘引了史料，人物多，事情乱，越是仔细梳理就越是梳理不清。简言之，匈奴内乱，好几个重量级人物要搞分裂。他们担心南下的难度太高，所以决定西行，并挟持卢屠王一起投降乌孙国，借乌孙国的力量反攻壶衍鞮单于。但卢屠王不仅没同意，还报告给了单于。单于派人查问，右谷蠡王却反咬一口，指控卢屠王叛变。卢屠王就这样成了替死鬼，卢屠王的部众当然不服气。左贤王和右谷蠡王从此就在自己的本部活动，不再参加单于的集会。

《汉书》原文就没把脉络理清楚，我们且观其大略，把这部分内容归结为一句话：匈奴因为政变而内乱，因为内乱而分裂。

《资治通鉴》最后还给出了四个字的结论："匈奴始衰。"在司马光看来，匈奴真正走下坡路既不是从卫青、霍去病时代开始，也不是从河西四郡的成型和西域诸国的臣服开始，而是从昭帝始元二年发生的匈奴内乱开始——这才是匈奴气运真正的转折点。始元二年的大事件到此结束。

汉昭帝始元三年至五年

194
上官桀和霍光的权力平衡是怎么被打破的

昭帝娶妃

原文：

（三年）

春，二月，有星孛于西北。

冬，十一月，壬辰朔，日有食之。

初，霍光与上官桀相亲善。光每休沐出，桀常代光入决事。光女为桀子安妻，生女，年甫五岁，安欲因光内之宫中，光以为尚幼，不听。

这一讲我们进入新的一年，昭帝始元三年（前84

年)。年初有彗星，年尾有日食，除此之外，《资治通鉴》记载的唯一一件大事就是昭帝娶了一名妃子——十一岁的昭帝娶了一名五岁的妃子。

事情的起因是这样的：霍光和上官桀关系很好，每到休息日，上官桀就会代替霍光办公，裁决朝廷大事。先前两个人还结成了儿女亲家，上官桀的儿子上官安娶了霍光的女儿。小两口生了一个女儿，今年五岁。上官安很希望岳父大人帮帮忙，把自己这个女儿嫁给昭帝。但霍光认为孩子太小，没答应。

上官安贼心不死，走不通霍光的门路，于是舍近求远，跑去拜托鄂邑公主的情夫丁外人。只是，上官安的女儿和昭帝明明那么小，就算上官安想当国舅，也没道理着急到这个地步吧？

这个问题的答案要在《汉书》里找。当时，鄂邑公主已经在为昭帝物色皇后了，选中的是"周阳氏女"。(《汉书·外戚传上》)这个女孩子的具体出身已不得而知，但这不重要，重要的是，上官安如果不抓紧机会，就会被人捷足先登。

鄂邑公主作为昭帝的大姐，在皇宫里扮演着太后的角色。在昭帝的婚姻大事上，她的话是最有分量的。

独霸后宫

原文：

盖长公主私近子客河间丁外人，安素与外人善，说外人曰："安子容貌端正，诚因长主时得入为后，以臣父子在朝而有椒房之重，成之在于足下。汉家故事，常以列侯尚主，足下何忧不封侯乎！"外人喜，言于长主。长主以为然。诏召安女为倢伃，安为骑都尉。

武帝当年的担忧真的应验了：鄂邑公主正值年富力强，忽然有了独霸后宫的机会，很快就养起了情夫。这个情夫就是刚才提到的丁外人。

这种秽乱宫闱的丑事，即便昭帝年纪小不懂事，霍光也应该以托孤大臣的身份出来制止吧？但并没有，《汉书》的记载是：昭帝和霍光知道了这件事以后，为了让鄂邑公主更方便、更开心，下诏让丁外人侍奉鄂邑公主。（《汉书·外戚传上》）

相当于丁外人这个奸夫的头衔是皇帝钦赐的，从此他可以光明正大地奉旨通奸。

所以，在上官安看来，通过丁外人来说动鄂邑公主是最好的办法。事实上，找丁外人帮忙一点都不难，因为他的荣华富贵来得太不牢靠，说不准哪天一觉醒来，一切就变成了镜花水月。

上官安抓住了丁外人的这个痛点，说完自己的愿望就替他分析，事情只要做成，上官家在朝中位高权重，在宫中有皇后做后盾，呼风唤雨不在话下。到了那个时候，他们念丁外人的好，不难帮他情夫转正。更何况，以汉帝国的传统，公主历来嫁给彻侯，丁外人封侯指日可待。

这番利害关系讲明后，丁外人不可能不给上官安卖力。事情就这样顺利推进了：丁外人说动了鄂邑公主，鄂邑公主召见上官安的女儿，先让她做了倢伃——这只是过渡性的安排，等到下一年的年初就正式立她为皇后了。

让我们盘点一下：整件事里，所有相关人等都可以从中获益。通过一个五岁的小女孩，上官父子、丁外人和鄂邑公主顺利缔结同盟，做到了"宫中府中，俱为一体"。而这样一来，上官桀和霍光的权力平衡当然就被打破了。

霍光的麻烦

原文：

（四年）

春，三月，甲寅，立皇后上官氏，赦天下。

西南夷姑缯、叶榆复反，遣水衡都尉吕辟胡将益州兵击之。辟胡不进，蛮夷遂杀益州太守，乘胜与辟胡战，士战及溺死者四千余人。冬，遣大鸿胪田广明击之。

廷尉李种坐故纵死罪弃市。

是岁，上官安为车骑将军。

昭帝始元四年（前83年），春三月，上官倢伃被立为皇后，赦天下。

《资治通鉴》没讲的是，朝廷普天同庆，给皇亲和官员们各种赏赐，到了秋收季节，也照例给足了惠民政策。

司马光重点记载了西南夷的叛乱，官军首战不利，被杀和落水溺死的有四千多人。随后，廷尉李种（chōng）被控故意纵容死刑犯，斩首示众。

这位李种到底做了什么事，史料并没有详细记载。而他身为廷尉，也就是法律系统的最高长官，竟然就这么被杀了，确实让人惊叹。《汉书·霍光金日磾传》给出了一点线索，那已经是多年之后，汉宣帝亲政，霍光已经过世。宣帝开始疏远霍氏一族，这让子承父业的霍禹特别不痛快，装病在家生闷气。霍禹的老部下任宣过去探望，说了好一段话开解霍禹，其中提到霍光权倾天下时，朝廷高官的升沉乃至生死全看霍光的态度，像廷尉李种等人就是因为没顺霍光的意，才下狱被杀的。

从这段内容来看，始元四年的霍光在朝廷上已经可以生杀予夺了。

但也是在同一时间，霍光的麻烦来了：一个反霍光小集团正在勾搭成形，很快就会在长安上空聚拢成一团乌云。本年度的最后一件大事就是这团乌云中的一小块：上官安升任车骑将军。

原文：

（五年）

春，正月，追尊帝外祖赵父为顺成侯。顺成侯有姊君妁，赐钱二百万、奴婢、第宅以充实焉。诸昆弟各以亲疏受赏赐，无在位者。

马上进入始元五年（前82年）。春正月，昭帝追尊已故的外祖父为顺成侯。顺成侯还有一个姐姐在世，昭帝给了她丰厚且全方位的赏赐，对其他亲戚也根据亲疏远近各有赏赐，但仅限于赏赐，并没有加官晋爵。

这已经是汉帝国的成熟政治经验了：赏赐平民出身的外戚是人情，是天性，要顺应，但不能给他们加官晋爵，以避免政治上可能出现的麻烦。如果实在做不到，那就只晋爵，不加官。

昭帝之所以能做得这么干净利落，一来是因为他年纪太小，有接触的亲人就只有鄂邑公主，对那些从没打过交道的远亲没有太多亲近感；二来是因为有霍光为他作主——霍光肯定不愿意让一批闲杂人等涌到朝廷里给自己添乱。

黄衣人

原文：

有男子乘黄犊车诣北阙，自谓卫太子；公车以闻。

没想到，发生了一件特别添乱的事情：一辆由黄色牛犊拉着的车忽然停在了未央宫北阙，车上有一名男子自报家门，说自己是卫太子。

这里解释一下：卫太子是武帝太子刘据，前文提到过，当时的人们会把他母亲卫子夫的姓放在前面称呼他，以示区别。[1]要等到将来宣帝为刘据议定谥号之后，史家才称他为戾太子，或者借戾太子的陵园来指

---

[1] 详见前文第061讲。

代他,称他为戾园。《资治通鉴》这一段描述的原始记载来自《汉书》:来人穿了一身黄色的衣服,戴着黄帽子,车上插着黄色的旗帜,连拉车的牛犊都是黄色的。(《汉书·隽疏于薛平彭传》)显然这个人有备而来,一系列的黄色正是汉帝国土德的标准色。像这样醒目的亮相既吸人眼球,又难免让人感觉来者不善。《资治通鉴》为求简洁,删掉了上述关于衣着打扮的描写,但保留了"黄犊车"的细节,反而让人觉得奇怪。

总之,一个自称卫太子的男人,很高调地以土德化身的姿态出现在未央宫北阙之下。

历朝历代有不少吟咏卫太子的诗歌,清人吴雯的《阌乡道中望戾园》放在这里看很有意思:

思子台前望落晖,泉鸠烟树远微微。
伤心落叶哀蝉曲,直到而今恨不归。

吴雯本人也有丧子之痛,迟迟走不出来,所以在旅途之中遥望卫太子的陵园,难免触绪伤怀。那么,如果孩子的死讯只是误传,有一天他平安归来,站在家门口时,老父亲会是怎样的心情呢?

只是,当这个自称卫太子的人忽然站在家门口的时候,老父亲已经死了,老母亲也已经被老父亲逼死了，和他关系好的亲朋故旧都被杀光了，偌大一份家业已经被跟他同父异母，但与他不亲不熟的弟弟继承了。未央宫北阙的空气里，可没有一丁点"伤心落叶哀蝉曲"的氛围。

而除了刚才提到的，这段描述的首要问题在于：卫太子不是死了吗？突然现身人间，到底是真是假呢？

如果是假的倒还好办，但如果是真的，卫太子当初在"巫蛊之祸"当中辗转逃生，诈死埋名，现在回来了，朝廷该拿他怎么办呢？

原文：

诏使公、卿、将军、中二千石杂识视。长安中吏民聚观者数万人。右将军勒兵阙下以备非常。丞相、御史、中二千石至者并莫敢发言。

兹事体大，于是皇帝下诏，让公卿、将军、中二千石的高官一起到未央宫北阙，亲眼辨别真伪。而就在这段时间里，这个爆炸性的新闻迅速传遍长安，人们纷纷聚拢围观，已有数万人之众。这种情形，稍不小心就可能引发群体事件。于是右将军王莽负责排兵布阵，维持秩序。（［清］王先谦《汉书补注·隽疏

于薛平彭传》[1])

按理说，鉴别来人是真是假一点也不难，毕竟卫太子做了那么多年的太子，孙儿都有了，在皇宫、朝廷和长安城里，不知道有多少熟人，实在无法假冒。然而，一群高官却愣在原地，谁都不敢发言。

这些人的心理活动倒也可以理解，这种攸关皇位的事情，一句话没说对就有可能招致杀身之祸，甚至抄家灭族。一名黄衣男子，一群朝廷大员，几万名围观群众，就这样僵持在那里。

---

[1] ［清］王先谦《汉书补注》引沈钦韩语："是时，卫尉王莽为右将军。"

195
隽不疑如何解决天大的伦理难题

这一讲我们继续留在昭帝始元五年（前82年），关注卫太子的归来。

这名自称卫太子的黄衣男子在长安城内迅速引发了一场震动。皇帝下诏，让各级高官到场亲眼辨别真伪。但一群高官谁都不敢发言，局面就这样僵住了。

隽不疑破局

原文：

京兆尹不疑后到，叱从吏收缚。或曰："是非未可知，且安之！"不疑曰："诸君何患于卫太子！昔蒯聩违命出奔，辄距而不纳，春秋是之。卫太子得罪先帝，亡不即死，今来自诣，此罪人也！"遂送诏狱。

这时，京兆尹隽不疑的到来打破了僵局——他既没有犹豫,也没有和其他人商量,直接喝令手下人将黄衣人绑了押走。

有人劝他说:"这人的身份是真是假还没确定呢,还是再等等看吧。"

隽不疑果断答道:"你们有必要担心这一点吗?当年蒯聩违命出奔,蒯辄拒不接纳,《春秋》赞同了蒯辄的做法。卫太子得罪了先帝,就算一直逃亡在外并没有死,如今找上门来,也不过是个罪犯罢了。"三下五除二,就把黄衣男子抓起来收押了。

原文:

天子与大将军霍光闻而嘉之曰:"公卿大臣当用有经术、明于大谊者。"繇是不疑名声重于朝廷,在位者皆自以不及也。

昭帝和霍光听说之后盛赞隽不疑,表示公卿大臣就该用熟读儒家经典、深明大义的人。霍光甚至要把女儿嫁给隽不疑,但隽不疑抵死拒绝了。(《汉书·隽疏于薛平彭传》)

霍光这么喜欢隽不疑,不仅是因为隽不疑随便一出手就替他解决了一个天大的难题,还有大老粗钦佩读书人这一层原因。班固给霍光盖棺论定时,虽然说了他各种好话,但也提到霍光的一个弱点,"不学无术"。这个词在当时仅仅形容文化程度低,遇事手足无措,并没有今天这种贬义。霍光不学无术,看到隽不疑饱学有术,欣赏得不行。

继承之战

那么,隽不疑搬出来的这个《春秋》大义到底是怎么回事呢?

事情要追溯到几百年前的春秋时代。公元前496年,这是卫国君主卫灵公执政的第三十九年。卫灵公的夫人是来自宋国的著名美女南子,在他们身上出现了"老夫爱少妻,少妻爱前男友"的典型感情纠葛。卫灵公不知出于何种考虑,把南子的前男友,也就是一位宋国美男子召进卫国,从此,这对俊男靓女就在卫国宫廷里很不检点地谈情说爱起来。

卫灵公的太子蒯聩气不过,谋划着要杀掉这个不要脸的后妈,却没想到失手了。卫灵公大怒,太子蒯聩不得不逃出卫国,流亡国外。

这个时候,卫灵公如果愿意原谅蒯聩,大可以把太子的位置给他留着,但卫灵公并没有这么做。三年之后,卫灵公打算改立小儿子公子郢为太子,公子郢不愿意。很快卫灵公过世，卫国必须选定一个继承人，公子郢还是推脱不已，说太子蒯聩虽然逃亡在外，但他的儿子蒯辄还在国内呢。于是，卫国人拥立蒯辄为国君，这就是卫出公。

蒯聩逃离卫国后去了晋国，投奔的是晋国大家族赵氏。让我们回顾一下《资治通鉴》的开篇：晋国四大家族内斗，赵氏家族的族长赵简子在压力之下废长立幼，选定血缘最低贱但能力最强的赵无恤为继承人，这才有了后来"三家分晋"的大事件。蒯聩流亡晋国时，庇护他的人正是这位赵简子。

赵简子打的如意算盘是，有朝一日护送蒯聩归国，扶植他上位，这样卫国就会成为自己最坚定的盟友。但他没想到，卫国人不但感情决绝，而且动作飞快，直接拥立蒯聩之子蒯辄继位了。这可怎么行呢？赵简子当然不答应，蒯聩本人更不答应。

蒯聩几经折腾，死活要回国，从亲生儿子手里夺权；蒯辄左遮右挡，死活不让亲生父亲回来。(《史记·卫康叔世家》《左传·定公十四年》《左传·哀公二年》)

伦理难题

一个伦理难题就这样赤裸裸地呈现在所有人眼前：蒯辄该不该遵从父亲的意愿，主动让位呢？

当时孔子正好在卫国，孔门高徒冉有和子贡聊到卫国的政局怪相，冉有问子贡："你说咱们老师会支持蒯辄吗？"子贡没有直接答复，而是很审慎地说："等我去问问老师。"

子贡见到孔子后，先是问了一个风马牛不相及的问题："您觉得伯夷和叔齐是怎样的人呢？"

孔子答道："他们是古代的贤人。"

子贡又问："伯夷和叔齐互相退让君位，双双逃跑了，他们会对彼此有怨气吗？"

孔子用一句掷地有声的名言回应子贡："求仁而得仁，又何怨？"

子贡这才回到冉有那里，很有把握地说："咱们老师是不会支持蒯辄的。"

这段对话见于《论语·述而》。有意思的是，子贡当时并没有追问孔子一句，如果不支持蒯辄的话，会不会支持蒯聩。我们从孔子一贯的主张来看，既然孔子赞同伯夷、叔齐的兄弟相让，就一定不会赞同蒯聩和蒯辄的父子相争。在他眼里，父子之间不该有相争这回事，蒯聩和蒯辄就是一对活生生的"父不父，子不子"。

但问题是，父亲在儿子面前难道就不该有权威吗？儒家的传统伦理不是建立在宗法大家庭的土壤之上，天然注重父权吗？当矛盾不可避免地发生后，蒯辄为什么就不该乖乖听父亲的话呢？

父子尊卑

明确而系统性的答案要到《春秋》和《公羊传》里去找。

《春秋》记载，齐国贵族国夏和卫国贵族石曼姑率领军队围攻戚邑。（《春秋·哀公三年》）这段记载的背景信息是，戚邑是卫国的一座城邑，蒯聩当时已经在赵简子的帮助下强行住在了这里。于是，儿子蒯辄从齐国请来帮手，联合卫国军队围攻戚邑，想把父亲蒯聩赶走。

按照常理，这支联合军队应该卫国军队是主，齐国军队是客，但《春秋》的记载却是齐国的贵族国夏在前，卫国的贵族石曼姑在后。为什么反客为主，把国夏排在第一位呢？

字缝里一定藏有深意，只要仔细分析就能看出来。

《公羊传》仔细分析了一番，认为之所以把齐国贵族国夏排在前面，是因为这次用兵的性质是"伯（霸）讨"，也就是齐国代行霸主的职责，率领正义之师讨伐不义，石曼姑的卫国军队则追随霸主行动。

石曼姑作为卫国贵族，接受卫灵公的命令，拥立蒯辄为继承人，当然应该怀着对先君卫灵公的赤胆忠心把蒯聩打跑。但是，现任卫国国君蒯辄是蒯聩的亲生儿子，儿子派兵打自己的父亲显然有违孝道，所以只能走一个迂回路线，依托于齐国的"伯讨"，以追随霸主伸张正义的姿态去打蒯聩。正是因为这个缘故，关于齐国贵族国夏的记载在《春秋》里面被排在第一位，看起来国夏是带头大哥，石曼姑只是打配合的。《公羊传》对此做出的评价是，儿子这样打父亲，当然打对了。

我们来看一段《公羊传》的原话，读起来特别铿锵有力："不以父命辞王父命，以王父命辞父命，是父之行乎子也。不以家事辞王事，以王事辞家事，是上之行乎下也。"这段话把蒯聩和蒯辄之间最严峻的问题——亲爹的命令，儿子可以公然抵制吗——拆分成了父子关系和尊卑关系两个角度来回应。

从父子关系来说，如果父亲的指令和祖父的指令有冲突，要优先听祖父的，这才是正确的亲亲之道。

既然蒯聩的祖父卫灵公废掉了父亲蒯聩的继承权，蒯聩就该听从祖父的话，否则就等于帮着父亲在祖父面前做逆子。

从尊卑关系上讲，当公务和家务发生冲突时，要优先办公务，这才是正确的尊尊之道。既然蒯聩遵从正当的继承法，理论上他还要接受周天子的策命，规规矩矩地当国君，这是公务；至于蒯聩同情父亲的遭遇，想听父亲的话让出君位，则是家务。两者有矛盾时，公务的优先级在家务之上。

无论从亲亲之道还是从尊尊之道来看，蒯聩都应当义无反顾地出兵去打亲生父亲，这才是符合《春秋》大义的正当举措，谁都挑不出毛病来。（《公羊传·哀公三年》）当然，蒯聩到底应当怎么做，历朝历代还有不少不同的说法，但我们不用去管，以汉昭帝时代的儒学水平，只要能把这套逻辑理顺，就已经站在学术前沿，足以傲视群伦了。隽不疑博览群书，理解透彻，还懂得活学活用，马上就把这一条《春秋》大义应用到了未央宫北阙那个自称卫太子的黄衣人身上，不但有理有据，在情在理，还能让大家一听就明白。隽不疑当即名动京师，一众同僚真心佩服。

那么，黄衣人到底是不是卫太子呢？

196
如果黄衣人是真太子怎么办

这一讲我们继续留在昭帝始元五年（前 82 年），当务之急是解答黄衣人的身份问题。

原文：

廷尉验治何人，竟得奸诈，本夏阳人，姓成，名方遂，居湖，以卜筮为事。有故太子舍人尝从方遂卜，谓曰："子状貌甚似卫太子。"方遂心利其言，冀得以富贵。坐诬罔不道，要斩。

隽不疑逮捕黄衣人后，将其交付廷尉审讯。

不知道审讯过程中有没有严刑拷打，总之，黄衣人供认自己的真名是成方遂，住在湖县，也就是卫太子藏身的地方，以算卦为业。曾经有卫太子的门客来找成方遂算卦，说他的相貌酷似卫太子。于是他动了邪念，决定来长安博取富贵。

《汉书》交代了更多的细节，说成方遂原本是夏阳人，廷尉得到他的口供后，找到他的好多乡里乡亲，让他们到长安认人。案子彻查清楚后，才将成方遂腰斩。

班固最后还加了这样耐人寻味的一句："一（云）姓张名延年。"（《汉书·隽疏于薛平彭传》）

露个破绽

案子明明已经查清楚了，怎么连案犯姓甚名谁都有两种说法呢？《汉书·昭帝纪》也记载了这件事，直接说案犯叫张延年。"成方遂"和"张延年"无论从字音还是字形来看，差异都很大，不可能是传抄讹误。

宋人马永卿注意到了这个疑点，将其与隽不疑援引的《春秋》大义和昭帝、霍光对隽不疑处置方式的嘉许联系起来，说了一句意味深长的话："史者著此语，亦欲后人推原其意耳。"（［宋］马永卿撰，崔文印校释《懒真子录校释·卷四》）意思是，班固之所以故布疑阵，应该是怀疑这是一起冤案，黄衣人其实就是卫太子，但班固不方便直接讲出来，所以故意露个破绽，让读者去琢磨。

顺便一提，这位马永卿师承刘安世，刘安世师承司马光，所以马永卿和司马光很有渊源。

虽然马永卿提出了一个合情合理的怀疑，但真相已经无从查考。隽不疑在未央宫北阙的一锤定音其实已经充分说明，卫太子无论是真是假，都会被当成罪人处置。这就是政治的残酷性。北宋年间的《春秋》学大师刘敞盛赞隽不疑的表现："北阙公卿如堵墙，谁持一语判兴亡。君知京兆人无及，正用《春秋》侍帝旁。"（［宋］刘敞《公是集·卷二十八·过湖城诵隽不疑传作》）他认为当时在场的那么多公卿贵胄都是一群废物，幸而有隽不疑请出《春秋》大义一言而决，否则黄衣人事件还不知道会如何收场呢。隽不疑当京兆尹，确实无人能及。

得志张狂

原文：

夏，六月，封上官安为桑乐侯。安日以骄淫，受赐殿中，对宾客言："与我壻饮，大乐！"见其服饰，使人归，欲自烧物。子病死，仰而骂天。其顽悖如此。

黄衣人事件很快在五味杂陈的氛围中收场了。夏六月，上官安被封为桑乐侯。

上官安自从当了国舅，短时间内接连加官晋爵。他原本就是个张狂的人，现在越发失态。《资治通鉴》列举了上官安生活中的几件小事：他在皇宫得到赏赐后，回家跟宾客说，"与我婿饮，大乐！"这是原话，意思是："跟我女婿喝酒真开心啊！"

清代学者周寿昌说：汉朝人管女儿的丈夫叫"壻"，此处是《汉书》中第一次出现这个叫法。（[清]王先谦《汉书补注·外戚传上》）我们还会注意到，当时的"壻"是土字旁的，我们熟悉的那个女字旁的"婿"属于后起之秀，后来才逐渐取代了前者。

上官安得意忘形，跟皇帝过于不见外了。不仅如此，他还"见其服饰，使人归，欲自烧物"。我们从这句原文中可以大概推断出，上官安看到了皇帝的用品，觉得好，自己也想用同款。再有，他的儿子病故了，他仰头骂天。

司马光列举这些细节，是为了刻画上官安的张狂放纵，但司马光其实已经手下留情了。原始材料里还有一段更劲爆的：上官喝醉之后，赤身裸体在家里乱窜，和后母、父亲的妾和婢女们乱来。（《汉书·外戚传上》）至于上官桀为什么容得下儿子的这些行为，史料并没有交代。

行政区调整

原文：

罢儋耳、真番郡。

同年，朝廷撤销儋耳郡、真番郡。

当初武帝开疆拓土，将南越全境收入囊中，设置九郡，儋耳郡就是其中之一，治所在今海南岛儋州西北。此外，武帝还在东北将朝鲜国和至少朝鲜半岛的北部纳入郡县体系，设置四郡，真番郡就是其中之一，其具体的地理位置至今仍然存疑。

《资治通鉴》这条记载似乎表明汉帝国主动放弃了这两个郡的领土，实际上并非如此。

先看儋耳郡：当地因为经常发生暴乱，管理成本十分高昂。这一年里，汉政府大概是为了便于管理，于是调整了行政区划，将儋耳郡合并到珠崖郡。但这并没有起到预期的效果，后来珠崖郡频繁叛乱，到了汉元帝时代，朝廷终于受不了了，这才撤销珠崖郡，相当于连武帝时代的儋耳郡也一并放弃了。（《汉书·地理志》《汉书·严朱吾丘主父徐严终王贾传下》）

再看真番郡：《后汉书·东夷传》有一条语焉不详的记载，其中可以确定的意思是，汉昭帝始元五年在朝鲜半岛撤销的不只有真番郡，还包括临屯郡，但只是撤销了这两个郡的行政区划，把它们合并到了乐浪、玄菟两郡。不过从大趋势来看，汉政府控制朝鲜半岛实在鞭长莫及，终归还是要从直辖转为羁縻，最后变成朝贡。

回过头来看《资治通鉴》这条记载，汉政府"罢儋耳、真番郡"，还只是在调整行政区划，并没有收缩版图。

原文：

秋，大鸿胪广明、军正王平击益州，斩首、捕虏三万馀人，获畜产五万余头。

当年秋天，汉军成功平定益州叛乱，斩首和俘虏三万多人，俘获牲畜五万多头。

汉政府看起来可以在益州实现有效的直辖统治了，但事实并非如此。后文会有记载，当地一名酋长配合汉军作战，出了很大的力，因功封王。(《汉书·昭帝纪》《汉书·西南夷两粤朝鲜传》)这大概意味着，在益州仍然需要以夷制夷。

杜氏英才

原文：

谏大夫杜延年见国家承武帝奢侈、师旅之后，数为大将军光言："年岁比不登，流民未尽还，宜修孝文时政，示以俭约、宽和，顺天心，说民意，年岁宜应。"光纳其言。延年，故御史大夫周之子也。

这已经是昭帝即位改元的第五年了，朝廷的军事行动始终局限于平叛，再没有进行开疆拓土。这是为什么呢？

《资治通鉴》给出了解释：谏大夫杜延年多次向霍光建议，武帝时代，社会被折腾得很厉害，如今粮食连年歉收，流民还没有完全回归故土，朝廷应当奉行文帝时代的政策，采取俭约、宽和的态度，如此才能顺天心，应民意，粮食增产，社会富足。霍光采纳了他的意见。

《资治通鉴》最后还交代了一句，这位杜延年是已故御史大夫杜周之子。

杜延年的身世很值得一提，他的父亲杜周是武帝时代的著名酷吏，曾经在元封二年（前109年）担任廷尉，满世界兴大狱[1]，上到朝廷，下到民间，都被他搞得乌烟瘴气。

杜周有三个儿子，老大杜延寿和老二杜延考官至郡守，完全学到了父亲的做派，又残酷又贪婪。后来武帝设置十三刺史部，派刺史监察诸郡，在刺史田仁的弹劾下，这两兄弟都被处决了。(《史记·田叔列传》) 只有老三杜延年是个厚道人，顺利活到了昭帝时代。

我们可以顺便看看当时的人是怎么给孩子取名的：延寿、延考和延年虽然用字不同，但含义相同，如果换成今天的白话名字，这三兄弟差不多就叫杜长寿、杜长命和杜百岁。清朝学者钱大昕有一个统计性的结论，在王莽时代以前，古人取名多取双声叠韵的字。两个字的声母相同就是双声，韵母相同就是叠韵。([清]钱大昕《十驾斋养新录·卷五》) 杜延年的"延年"就是叠韵的一例。但我们看过他两个哥哥的名字后就知道了，"延年"的叠韵只是巧合，并不是刻意为之。霍光刚刚主政那会儿，看到杜延年是三公一级的高官之子，又熟悉法律，就把他提拔了起来。益州叛乱时，杜延年就在平叛军队里当军官，班师回朝后

---

[1] 详见前文第161讲。

改任谏大夫。(《汉书·杜周传》)

从杜延年开始,杜氏家族英才辈出,成长为跨越王朝的世家大族。因为杜延年把家迁到了汉宣帝的陵邑杜陵,所以杜家子弟后来一直自称京兆杜陵人。杜甫就是杜延年的后人。所以我们不难理解,为何虽然杜甫的出生地在巩县,即今天的河南巩义,但他却自称"杜陵野老",从不说自己是"巩县野老"。

杜延年在后文还会有一些戏份,京兆杜陵的杜家人也会陆续出场,贯穿《资治通鉴》的很多卷内容。始元五年的大事件到此结束。

汉昭帝始元六年

197
盐铁议的双方到底在争论什么

盐铁议

原文：

（六年）

春，二月，诏有司问郡国所举贤良、文学，民所疾苦、教化之要，皆对："愿罢盐、铁、酒榷、均输官，毋与天下争利，示以俭节，然后教化可兴。"桑弘羊难，以为："此国家大业，所以制四夷，安边足用之本，不可废也。"于是盐铁之议起焉。

这一讲我们进入昭帝始元六年（前81年），春二月，皇帝下诏，要求有关部门向各郡国推荐的贤良、文学——也就是民间的儒家知识分子——问询民间疾苦和推行教化的方法。结果，所有人都给出了惊人一致的答案：朝廷应该赶紧撤销盐、铁、酒的专卖，撤销均输官，不再与民争利，以节俭风格向天下人做示范。等这一切都做到了，才谈得上推行教化。

桑弘羊对此不以为然，说这些都是国家大业，是制服周边蛮夷政权、安定边疆、保障国家财政的根本政策，哪能说不要就不要呢？

到底谁在理？当面锣对面鼓，交流一下好了。

这一交流，就有了中国财政史和思想史上鼎鼎大名的"盐铁议"（也被称为"盐铁之议"）。在不久之后的宣帝时代，郎官出身的桓宽整理了盐铁议的会议纪要，编成一部《盐铁论》。今天如果我们要了解武帝一朝的经济政策及其后果，了解汉代的经济思想，这本书是必读的经典。

盐铁议上唇枪舌剑，双方很细致地辩驳、检讨了武帝一朝的政治得失，史料价值和思想价值极高。但不知道为什么，司马光仅用三言两语就一带而过了。我们还是有必要借助《盐铁论》，感受一下这场大辩论里弥漫的硝烟。

民心所向

一切要从这一年开春时节的诏书说起。这种诏书我们已经不是第一次看到了，它的意义无非有四个：一是摆出招贤纳士的姿态，展现朝廷的亲和力；二是给民间精英一个上升通道；三是准备给新政府换血；四是搜集民意，以便决定下一步的政策走向。接下来，民间精英就应当各抒己见，皇帝就应当挑挑拣拣，择良臣而任用。

但是，民间精英对政策的意见，或者应该说是不满，竟然如此一致，态度又如此激烈，这不仅是前所未有的，也是霍光等人完全没有预料到的。统治集团因此开始考虑，既然官府的垄断经营在民间积聚了这么深的怨念，是不是应该顺应民意，把垄断政策废除呢？假如霍光可以毫无障碍地直接拍板，相信他会立即废除官营垄断经济，恢复"文景之治"休养生息的美好局面。这样一来，不管汉帝国的前景如何，至少霍光本人会赢得超高的民意支持。上官桀也没道理从中作梗，和霍光分享民意支持才是对他最有利的选择。

但我们不难想见，有一个人会跳起三丈高，他就是桑弘羊。

辩论的必要

桑弘羊的毕生事业都在官营垄断经济里，无论是他个人的成就还是整个家族的富贵，全都是这项政策的衍生品。假如真要回到文景时期的局面，桑弘羊岂不成了带着汉帝国走上歧途的罪魁？他的一切付出岂不成了笑话？

霍光不能不重视桑弘羊的情绪。当初武帝托孤，桑弘羊作为"3+1"人事结构里的那个"1"，虽然不属于权力核心圈，但论资历、威望和贡献，作为武帝政治中晚期的财政操盘手，他完全不是霍光、金日䃅、上官桀这几个忠仆型的高级官僚可以相提并论的。所以，站在霍光的角度，要想搞定桑弘羊，最好的办法莫过于搞一场公开辩论，让桑弘羊自己直接去对抗民意代表。如果桑弘羊真能把对方说服，那也无妨，朝廷只要延续旧政策就可以了；如果不能，那么到时再拿民意来压桑弘羊，给政策改弦易辙，他就算有天大的不满也只能接受，而不会怪罪到霍光头上。

唇枪舌剑

就这样，旷古烁今的盐铁议开场了。辩论的一方是以桑弘羊为首的实权派，另一方则由来自五湖四海的民间精英组成，这些人没有一官半职，彼此甚至并不认识。

这场辩论如同激烈的争吵，越吵越发散，实际讨论的内容远超盐铁专卖，几乎涵盖了武帝一朝大政方针的方方面面。如果非要总结这场辩论的主旨，那就是：武帝实施的一系列措施是不是在与民争利，有没有重创民间经济，而且严重拉低普通百姓的生活水平。

现代学界给出过一个定性的意见，这场辩论是儒法辩难，桑弘羊一派代表法家立场，贤良、文学一派属于儒家立场。但如果还原当时的历史现场，我们不难感受到，辩论双方并不只是为了捍卫各自的学术立场——

贤良、文学一派真切地感受到，朝廷与民争利，站在了民间幸福生活的对立面上；桑弘羊一派则认为对方鼠目寸光，只关注眼前的蝇头小利，而没有意识到他们之所以能享受和平生活，完全是因为财政系统的支持，使得朝廷有能力平定边患，维护国家安全。桑弘羊的言下之意是：就算官营垄断经济，质次价高又如何？如果没有这些政策，你们早就被匈奴人掳走了，哪有机会站在这里说三道四？

民间知识精英自然不甘心：没错，谁都不愿意被匈奴抢，但问题是，被匈奴抢是抢，被你们抢还不一样是抢？被匈奴奴役是奴役，被你们奴役还不一样是奴役？难道仅仅因为你们和我们说一样的语言，用一样的文字，跪拜同一个皇帝，你们就会对我们手下留情吗？不说别的，人家匈奴那边至少没有酷吏政治。

这里有必要说明一下，站在匈奴的角度，好容易抢来的奴隶，他们是不会随便杀掉的。但汉帝国这边是真不拿人当人，甚至不拿人当奴隶，肆意兴起大狱、株连九族。而且，为了争夺尺寸之地，经常毫不顾惜地拿人命去填。这样搞下去，难道不会重蹈秦始皇的覆辙吗？

简言之，民间知识精英认为，政府只需扮演好守夜人的角色，不应积极干预。而从桑弘羊的角度看，首先要确定"普天之下，莫非王土；率土之滨，莫非王臣"这一准绳，天下的一切人力物力都属于皇帝。皇帝关心的是千秋万代的长远利益，而不会像民间知识精英那样，只看到眼前这一亩三分地。再说了，春生夏长秋收冬藏，秋天草木凋零，冬天万物凋敝是天地自然之理，如果按照那些民间知识精英的谬论，秋冬季节也要以仁为怀来维持生长和繁荣，这不就是逆天吗？人间的所谓酷吏就相当于自然界的秋冬季节，总不能以秋冬的"残酷"为由而反其道行之，让一年四季都草木葱茏吧？

争论的本质

在那个相信天人感应的时代里，这样的观点确实很难被反驳。贤良、文学们只能批判桑弘羊依循法家观点，跟韩非和商鞅一脉相承。没想到，桑弘羊一派越辩论越上头，甚至直言不讳地说，韩非和商鞅有什么不对吗？正是因为有他们的理论，秦国才可以富国强兵，最终一统天下。至于一统天下后是否需要采取更宽和的政策，那是另一回事。

对于与民争利的问题，桑弘羊一派也有话说：政府的大政方针就是重农抑商，这一点大家总不会有分歧吧？只是你们没理解到，盐铁专卖正是为重农抑商的基本国策服务的。如果政府包揽了农业生产之外的产业，老百姓就只能去务农了。再说了，以前的豪强富户无论是开山冶铁，还是煮海制盐，干的都是劳动密集型产业，一个项目可以聚集上千人。这些人当然不会是良民，要是他们成团结伙起来，对社会的危害可就太大了。所以，盐铁专卖只是貌似与民争利，其实一来敦促了人民务农，二来瓦解了地方上的准黑社会团伙，功莫大焉。

这些说法听上似乎在理，但民间精英不以为然，说你们就别给自己脸上扯遮羞布了，还说什么不是为了与民争利,那告缗令是怎么回事?拿钱赎罪是怎么回事?要说边防费用高,倒也勉强说得过去,但不计成本地开疆拓土,把民间财力刮干净了去占领那些无用之地,这又是为了什么呢?

198

苏武是怎样回到汉帝国的

这一讲我们继续留在昭帝始元六年（前81年）。盐铁议硝烟未散，又发生了一起轰动性事件：苏武回来了。

原文：

初，苏武既徙北海上，廪食不至，掘野鼠、去草实而食之。杖汉节牧羊，卧起操持，节旄尽落。

当初苏武出使匈奴被扣押，到如今已经过去了十九年。出发时正值壮年的苏武，归来须发尽白。作为使臣标志的那根使节依然握在苏武手里，但只剩下一根光杆，上面的装饰物早已在漠北草原的恶劣天气里脱落净尽。

唐人王维的名句"苏武才为典属国，节旄空尽海西头"描写的正是这一场景。（［唐］王维撰，陈铁民校注《王维集校注·卷二·陇头吟》）杜牧也有一首诗写道："何处吹笳薄暮天，塞垣高鸟没狼烟。游人一听头堪白，苏武争禁十九年。"（［唐］杜牧撰，吴在庆校注《杜牧集系年校注·樊川别集·边上闻胡笳》）诗人听到边塞的胡笳演奏，忽然间悲从中来，不能自已。他觉得，这样的胡笳声只要听一次就会忧愁白头，苏武又是怎么在这种环境里熬过整整十九年的呢？《资治通鉴》详细追溯了苏武这十九年的生活，各种艰苦绝伦，最苦的时候他被匈奴扔在北海，也就是今天的贝加尔湖湖畔，食物时有时无。但不论行住坐卧，苏武始终使节不离身，就连放羊都带着它。

李陵劝降

原文：

武在汉，与李陵俱为侍中；陵降匈奴，不敢求武。久之，单于使陵至海上，为武置酒设乐，因谓武曰："单于闻陵与子卿素厚，故使来说足下，虚心欲相待。终不得归汉，空自苦；亡人之地，信义安所见乎！足下兄弟二人，前皆坐事自杀；来时，太夫人已不幸；子卿妇年少，闻已更嫁矣；独有女弟二人、两女、一男，今复十余年，存亡不可知。人生如朝露，何久自苦如此！陵始降时，忽忽如狂，自痛负汉，加以老母系保宫。子卿不欲降，何以过陵！且陛下春秋高，法令无常，大臣无罪夷灭者数十家。安危不可知，子卿尚复谁为乎！"

苏武这段生活里偶然有些亮色，那就是李陵的来访。

李陵本是苏武的故交，在投降匈奴之后，虽然知道苏武也在这边，但一直不好意思跟他见面。过了很长时间，单于派李陵来劝降苏武，两个人才有了见面谈心的机会。从李陵的话中，我们可以了解到苏武的全部家庭情况。

苏武在兄弟三人里排行第二。大哥苏嘉担任奉车都尉，某次跟随武帝出巡时不小心撞坏了车辕，被扣上"大不敬"的罪名，伏剑自杀了。三弟苏贤某次也是陪武帝出巡，队伍里意外发生了一起误杀案，凶手畏罪逃跑。武帝派苏贤抓人，苏贤因为没抓到，惶恐不安之下服毒自杀。苏母也过世了，当时李陵还在长安参加了她的送葬仪式。苏武的妻子听说已经改嫁，苏家只剩下两个妹妹、两个女儿和一个儿子。经过十多年，这些亲人是否还在世，不得而知。

李陵交代完这些情况，发出了一句著名的感慨："人生如朝露，何久自苦如此。"这句话影响了许多后来的诗句，比如我们熟悉的曹操的《短歌行》："对酒当歌，人生几何。譬如朝露，去日苦多。"

李陵带给苏武的另一个消息是，武帝年事已高，法令无常，大臣们无罪却被灭门的都有好几十家了。所以他问苏武：你这样苦着自己，到底图个啥呢？

义士苏武

原文：

武曰："武父子无功德，皆为陛下所成就，位列将，爵通侯，兄弟亲近，常愿肝脑涂地。今得杀身自效，虽斧钺、汤镬，诚甘乐之！臣事君，犹子事父也。子为父死，无所恨。愿勿复再言！"陵与武饮数日，复曰："子卿壹听陵言！"武曰："自分已死久矣，王必欲降武，请毕今日之欢，效死于前！"陵见其至诚，喟然叹曰："嗟乎，义士！陵与卫律之罪上通于天！"因泣下沾衿，与武决去。赐武牛羊数十头。

苏武的回答堪称典范："我家父子既没功劳，又没品德，一切好处都是陛下白给的，我父亲又是封侯，又是当将军，我们三兄弟也都被安排在陛下身边，所以我一直渴望为陛下肝脑涂地。"他还抛出了一句名言："臣事君，犹子事父也。子为父死，无所恨。"意思很直白，君臣关系相当于父子关系，儿子为了父亲牺牲，无怨无悔。

李陵深受感动，认为苏武是真正的义士，自己和卫律的罪过天理难容。

苏武的这种觉悟值得我们关注：他认识到自家的功名利禄不是挣来的，而是皇帝恩赐的，这其实有违事实，因为苏武的父亲苏建当年追随卫青北征匈奴，受封平陵侯。当时以军功封侯的难度有多高，我们只要想想李广的一生就不难明白。后来苏建以右将军的职位追随卫青再征匈奴，遭遇单于主力，赵信投降，苏建拼到最后，孤身一人逃出生天，被判死罪，虽然靠交赎金赎回了一条命，但他的职位和爵位都被撤销了。再后来，苏建受任代郡太守，相当于要继续发挥军事能力，到一线去防御匈奴，最后就这样死于任所。以苏建的身份，三个儿子成为武帝近臣是很自然的事情。

在我们现代人看来，这一切都是苏建多少次出生入死挣下来的。但从苏武的角度来看，事情不该这样理解——自家父子无论功劳再多，都是应该做的，只是尽义务而已。既然是尽义务，就应该不求回报。如果皇帝封赏，那可不是一份功劳对应一份回报，而是皇帝怀着善心和爱意给的恩赐。

"臣事君，犹子事父也"，苏建父子四人作为武帝的臣子，武帝是他们共同的父亲。在父子关系里不该斤斤计较。苏嘉和苏贤没能把父亲服侍好，所以羞愧自杀了，这有什么问题呢？现在父亲老了，喜怒无常，犯糊涂随意杀人，但他始终都是敬爱的父亲，做儿子的始终要以无瑕的孝道来侍奉他，虽死无怨。

这种情操让李陵无地自容。

前文讲过，李陵刚投降匈奴时与汉使有过一番对话。他理直气壮地质问道，"我无负于汉帝国，皇帝凭什么杀我全家？"[1] 正是因为武帝杀了李陵全家，李陵才带着匈奴人和汉军作战，咬着商丘成军团转战了九天。[2] 现在听到苏武一席话，李陵忽然意识到自己简直罪孽滔天。

原文：

后陵复至北海上，语武以武帝崩。武南向号哭欧血，旦夕临，数月。

1　详见前文第180讲。
2　详见前文第186讲。

后来武帝驾崩，李陵再次探望苏武，向他通报了这个消息。而苏武又一次为臣子的行为模式确立了一个标杆：他向着南方号哭，哭到呕血的地步，每天早晚都要哭一次，一连哭了几个月。

早晚哭一次在《资治通鉴》中的原文叫"旦夕临（lìn）"，是丧礼的一种。第二辑讲战国末年的历史时提到过这个细节：吕不韦死后，并没有正常葬礼，而是被秘密埋葬的。吕不韦的门客中凡是参与了"临"这个仪式环节的，通通被秦国驱逐出境。[1]

但我们从常理也能想到，"临"的仪式通常不会持续很久。楚汉相争时，刘邦为了制造舆论，抢夺道义制高点，为义帝发丧，带着大家"哀临三日"，三天时间就已经很长了。（《汉书·高帝纪》）刘邦哭义帝，只是摆个姿态；但苏武哭武帝，怎一个痛彻心扉了得。即便真是"臣事君，犹子事父也"，一般儿子哭父亲都哭不到这种程度。

如果没有这样宗教般的激情，苏武又怎能在北海苦苦支撑十九年呢？

---

[1] 详见《资治通鉴熊逸版》（第二辑）第207讲。

苏武归汉

原文：

及壶衍鞮单于立，母阏氏不正，国内乖离，常恐汉兵袭之，于是卫律为单于谋，与汉和亲。汉使至，求苏武等，匈奴诡言武死。后汉使复至匈奴，常惠私见汉使，教使者谓单于，言："天子射上林中，得雁，足有系帛书，言武等在某泽中。"使者大喜，如惠语以让单于。单于视左右而惊，谢汉使曰："武等实在。"乃归武及马宏等。马宏者，前副光禄大夫王忠使西国，为匈奴所遮；忠战死，马宏生得，亦不肯降。故匈奴归此二人，欲以通善意。

于是李陵置酒贺武曰："今足下还归，扬名于匈奴，功显于汉室，虽古竹帛所载，丹青所画，何以过子卿！陵虽驽怯，令汉贳陵罪，全其老母，使得奋大辱之积志，庶几乎曹柯之盟，此陵宿昔之所不忘也。收族陵家，为世大戮，陵尚复何顾乎！已矣，令子卿知吾心耳！"陵泣下数行，因与武决。

单于召会武官属，前已降及物故，凡随武还者九人。既至京师，诏武奉一太牢谒武帝园庙，拜为典属国，秩中二千石，赐钱二百万，公田二顷，宅一区。武留匈奴凡十九岁，始以强壮出，及还，须发尽白。

武帝驾崩后，汉匈都不想再打仗了，双方的关系很快进入新阶段。

在常规情况下，缓和关系的第一步就是把扣押的对方使者释放回去。但是，当汉使要求匈奴放还苏武等人时，匈奴谎称苏武已经死了。

下一批汉使抵达匈奴时，当年苏武使团里的官员常惠偷偷和汉使见面，说明了真相。他还教给汉使话术，等见到单于时，就说天子在上林苑打猎，射下了一只大雁，雁足上绑着一封帛书，上面写着苏武等人就在荒远的大泽之中。[1] 汉使依计而行，果然让单于大吃一惊，不得不放还苏武，从此就有了"雁足传书"的典故。

在这十九年间，苏武的使团有人投降了，有人过世了，只剩下九人。同时被放还的还有当年出使西域，被匈奴截获的汉使马宏等人。新政府拜苏武为典属国，负责外交和"蛮夷"事务，级别在中二千石，还赐给他金钱、田宅。其余人等各有封赏。

---

[1] 《资治通鉴》引《汉书》作"言武等在某泽中"。《汉书补注》引王念孙语："'某泽'二字文义不明，'某'当为'荒'字之误也"。

汉昭帝始元六年至元凤元年

199
李陵为什么不肯归汉

《答苏武书》

汉帝国给苏武的封赏够不够厚道呢?

李陵似乎觉得一点都不厚道。传说有一封李陵写给苏武的书信,被收录在《昭明文选》和《古文观止》里,标题是《答苏武书》。看上去是苏武归汉之后给李陵写了一封信,劝他也回来,而李陵以这封信作答,阐明自己为什么不回汉朝。

在信中,李陵谈到苏武归国之后的遭遇,特别不以为然。这里有必要引述原文,读来铿锵感人:"且足下昔以单车之使,适万乘之虏,遭时不遇,至于伏剑不顾，流离辛苦，几死朔北之野。丁年奉使，皓首而归，老母终堂，生妻去帷。此天下所希闻，古今所未有也。蛮貊之人尚犹嘉子之节，况为天下之主乎？陵谓足下当享茅土之荐，受千乘之赏。闻子之归，赐不过二百万，位不过典属国，无尺土之封加子之勤。而妨功害能之臣，尽为万户侯；亲戚贪佞之类，悉为廊庙宰。子尚如此，陵复何望哉！"

这段原文的大意是，以苏武的节操，归国之后无论如何都该裂土封侯，还必须是中等规模的一国诸侯。但结果呢，赏赐不过二百万钱，职位不过是典属国，反而那些国家蛀虫受封万户侯，皇亲国戚尽数做了高官，我李陵真为你苏武不值。

那么，李陵这番话，到底在不在理，会不会被后人认同呢？

确实不乏认同。前文提到王维的名句"苏武才为典属国，节旄空尽海西头"，就是感慨苏武异乎常人的付出，不过换来一个典属国的职位。明朝学者杨慎也是这么理解的，并指出"汉之寡恩，霍光之罪也"（[明]杨慎撰，王大厚笺证《升庵诗话新笺证·卷十》）。

但平心而论，苏武官拜典属国，属于中二千石的级别，这在当时的官职体系里是相当高的。王维和杨慎可能更倾向于认为，苏武的忠诚和节操应当得到特事特办的封侯待遇。

李陵不归

李陵的这封书信不但感情充沛，而且文采斐然，谈感情有"人之相知，贵相知心"，谈境遇有"胡笳互动，牧马悲鸣"，谈刘邦当年的平城之战有"猛将如云，谋臣如雨"，谈自己的祖父李广有"功略盖天地，义勇冠三军"，谈别离有"生为别世之人，死为异域之鬼"……被历朝历代都奉为古文典范。

然而，这封信的真伪一直存在争议，现在的主流意见认为它是六朝文人的伪作。不过，即便是伪作，它也确实打动了无数人。后人写诗为文咏怀苏武，很多语料都源于此。比如，晚唐诗人温庭筠在《苏武庙》中的名句"回日楼台非甲帐，去时冠剑是丁年"，"甲帐"和"丁年"构成巧妙的无情对[1]，"丁年"的说法就出自《答苏武书》里的"丁年奉使，皓首而归"。

无论如何，苏武历经磨难，终于回家了。十九年间物是人非，连皇帝都换了。新皇帝特别安排苏武以

---

[1] 即字面完全相对，但意义并不相对的对仗。

太牢祭品，也就是牛、羊、猪各一只的最高祭祀规格，到武帝的陵园和寝庙祭祀，算是向武帝的在天之灵汇报工作。

原文：

霍光、上官桀与李陵素善，遣陵故人陇西任立政等三人俱至匈奴招之。陵曰："归易耳，丈夫不能再辱！"遂死于匈奴。

苏武已经回来了，还在匈奴的李陵是不是也有可能回家呢？确实有这个可能。霍光、上官桀当年跟李陵很有交情，于是，他们派出李陵的故人出使匈奴，盛情邀请李陵归国。《汉书》详细记载了这段经过，纤毫毕现，生动紧张。其中有一段特别耐人寻味。汉使和李陵对话时刻意躲着卫律，偏巧被卫律听到了只言片语，于是他插了一句话："李少卿贤者，不独居一国。范蠡遍游天下，由余去戎入秦，今何语之亲也！"（《汉书·李广苏建传》）

这是卫律的原话，体现了一种与苏武截然不同的价值观：只有没本事、没见识的人才特别看重族群归属感，因为他们不和别人抱团就活不下去。但像李陵这样的人才，不管走到哪儿都会被人捧着，都能过上好日子，有必要执着于故乡故国吗？看看古人，像范蠡、由余这样的高人都没有所谓的家国归属感，愿意去哪儿就去哪儿。大丈夫四海为家，君臣关系不是什么父子关系，而是合作伙伴关系。

最终，李陵没有返回故国，客死匈奴。

卫律和苏武代表的两套价值观孰是孰非，孰优孰劣？我们可以看到，两千年来人们大多把自己的一票投给了苏武，这是天性使然。

与民休息

原文：

夏，旱。

秋，七月，罢榷酤官，从贤良、文学之议也。武帝之末，海内虚耗，户口减半。霍光知时务之要，轻徭薄赋，与民休息。至是匈奴和亲，百姓充实，稍复文、景之业焉。

盐铁议和苏武归国之后，夏天爆发了旱情。到了秋天，盐铁议的结论终于出来了：民间知识分子胜出，官营垄断经济在相当程度上被废止，但具体到什么程度，史料并没有给出清晰的界定。唯一可以确定的是，酒类专卖被废止了。（杨勇《历史多元视野中的盐铁会

议与〈盐铁论〉》)

但即便只有这一项,也足以让桑弘羊脸上发烧。

这一时期,政策主张轻徭薄赋,与民休息。这么做的效果是显著的:民间经济开始复苏,老百姓的家里也有了余粮,"文景之治"的旧模样逐渐显露出来。

原文:

诏以钩町侯毋波率其邑君长、人民击反者有功,立以为钩町王。赐田广明爵关内侯。

本年度的最后一件大事是封赏益州平叛的功臣。当地土著首领毋波协助官军有功,被封为王,汉军主帅田广明受封关内侯。

氐人叛乱

原文:

(元凤元年)

春,武都氐人反,遣执金吾马适建、龙额侯韩增、大鸿胪田广明将三辅、太常徒,皆免刑,击之。

昭帝元凤元年(前80年),开春就不太平。武都郡氐人叛乱，朝廷派马适建、韩增、田广明平叛，军队照例是从囚犯中招募来的。

其实，昭帝这些年来各地发生的叛乱，祸根都是武帝种下的。武帝过去开疆拓土，就好比一个人大吃四方，导致消化不良。这些新开辟的郡县各有各的风俗、文化和语言，再加上地理环境特殊，汉政权行军和驻军都不容易，所以消化不良的问题一直没能得到解决。

这次发生叛乱的武都郡是武帝元鼎六年（前111年）设置的。前文讲过，南越灭国之后，夜郎国君失去了旧靠山，忙不迭到长安寻找新靠山，被武帝封为夜郎王。除了夜郎国，西南各部族都主动请求归附，想成为汉帝国的直辖郡县。就这样，汉帝国新添了越巂郡、沈黎郡、汶山郡和武都郡。[1]当时，武都郡的疆域拆分了陇西郡东南境、汉中郡西境，还有西夷白马氏的地界，大约是今天甘肃省陇南市、陕西省汉中市西部、四川省绵阳市北部和青川县一带。(郭声波《〈史记〉地名族名词典》)

---

[1] 详见前文第156讲。

原文：

夏，六月，赦天下。

秋，七月，乙亥晦，日有食之，既。

八月，改元。

夏六月，赦天下。

秋七月，日食。八月，改元元凤。

八月之所以改元，是因为有被视为祥瑞的凤凰出现。这次改元和武帝时代的改元一样有追溯力，所以并不是从八月开始才算元凤元年，而是追溯到年初，这一整年都被称为元凤元年。

反霍光联盟

原文：

上官桀父子既尊，盛德长公主，欲为丁外人求封侯，霍光不许。又为外人求光禄大夫，欲令得召见，又不许。长主大以是怨光，而桀、安数为外人求官爵弗能得，亦惭。又桀妻父所幸充国为太医监，阑入殿中，下狱当死；冬月且尽，盖主为充国入马二十匹赎罪，乃得减死论。于是桀、安父子深怨光而重德盖主。自先帝时，桀已为九卿，位在光右，及父子并为将军，皇后亲安女，光乃其外祖，而顾专制朝事，由是与光争权。

在祥瑞的氛围之下，阴谋家们开始蠢蠢欲动。

当初，上官安为了让女儿当皇后，通过丁外人走通了鄂邑公主的关系。事情办成以后，上官安就该兑现承诺，给丁外人争取封侯，让他赶紧从情夫转正。

没想到，这件事卡在霍光那里，他怎么都不同意。于是上官安想退一步，给丁外人一个像样的官职，可霍光还是不松口。再加上其他一些事情，上官桀父子和很有人情味儿的鄂邑公主越走越近，越来越难忍受铁面无私的霍光。

早在武帝时代，上官桀就已经位列九卿，地位高于霍光。如今，上官桀父子都做了将军，皇后又是上官安的女儿，可朝政偏偏由霍光主导，这让人怎么忍呢？

原文：

燕王旦自以帝兄不得立，常怀怨望。及御史大夫桑弘羊建造酒榷、盐、铁，为国兴利，伐其功，欲为子弟得官，亦怨恨光。于是盖主、桀、安、弘羊皆与旦通谋。

要想搞掉霍光，盟友似乎并不难找。比如一直牢骚满腹的燕王刘旦，再比如桑弘羊——他要给自家人谋官职，也被霍光挡住了，更别提一场盐铁议把桑弘羊一生的财政功勋变成了与民争利的滔天大罪。霍光当时要是以昭帝的名义给事情定个调子，维护一下桑弘羊的体面，可能会好些。哪想到后来政策出台，官营垄断经济废止，这让桑弘羊怎么下得了台呢？

对霍光共同的恨，使这些各怀鬼胎的人组成了一个反霍光联盟。

原文：

旦遣孙纵之等前后十余辈，多赍金宝、走马赂遗盖主、桀、弘羊等。桀等又诈令人为燕王上书，言："光出都肄郎、羽林，道上称跸，太官先置。"又引"苏武使匈奴二十年不降，乃为典属国；大将军长史敞无功，为搜粟都尉；又擅调益莫府校尉。光专权自恣，疑有非常。臣旦愿归符玺，入宿卫，察奸臣变"。候光出沐日奏之。桀欲从中下其事，弘羊当与诸大臣共执退光。

怎么才能扳倒霍光呢？上官桀等人生出一计：他们以燕王刘旦的名义写了一份奏章，检举霍光在京郊做检阅的时候僭用皇帝礼仪，指责霍光仅给功勋显著的苏武典属国的官职，却让自己毫无贡献的部下杨敞升任搜粟都尉，并揭发霍光擅自增加大将军府的军官人数。

这份奏章以刘旦的语气下了一个结论："霍光这样搞，明摆着是要谋朝篡位。所以，我刘旦主动申请不当燕王了，我要到皇宫当侍卫去，保护陛下免遭奸臣的毒手！"

奏章准备好后，下一步是等霍光休假，皇帝的秘书处由上官桀值班的时候，找人把它提交上去。然后，上官桀给出批复意见，把奏章交由司法部门处理。这个时候，要是桑弘羊站出来带个头，煽动大臣们的情绪，要求罢免霍光。三下五除二，霍光不就被打倒了吗？我们仔细品品这个阴谋，其中有没有破绽，成功的概率又能有多大呢？

200

扳倒霍光的阴谋是怎么破产的

这一讲我们先来看前面留下来的问题：反霍光联盟的阴谋到底有没有得逞？

昭帝回应

原文：

书奏，帝不肯下。明旦，光闻之，止画室中不入。上问："大将军安在？"左将军桀对曰："以燕王告其罪，故不敢入。"有诏："召大将军。"光入，免冠、顿首谢。上曰："将军冠！朕知是书诈也，将军无罪。"光曰："陛下何以知之？"上曰："将军之广明都郎，近耳；调校尉以来，未能十日，燕王何以得知之！且将军为非，不须校尉。"

对于这个问题，《资治通鉴》给出了六字回应："书奏，帝不肯下。"意思是说，以燕王刘旦名义写的那份奏章确实呈报上去了，但昭帝看到后，不肯依着上官桀的意思发给司法部门处理。

就这样拖到了第二天清晨，霍光来上班，到一个叫画室的偏殿后就不敢再往里走了。

昭帝问旁边的人："大将军怎么没来？"

上官桀答道："因为燕王指控他有罪，他不敢进来。"

昭帝召见，霍光这才进来免冠顿首谢罪。

昭帝说："您把冠戴上，朕知道这份奏章是伪造的，您没有罪。"

霍光很是不解："陛下是怎么知道的？"

昭帝答道："您去近郊做检阅才不到十天，燕王哪可能这么快就知道呢？再说了，您如果真的要造反，根本用不着军官啊。"

语出惊人

原文：

是时帝年十四，尚书、左右皆惊。而上书者果亡，捕之甚急。桀等惧，白上："小事不足遂。"上不听。后桀党与有谮光者，上辄怒曰："大将军忠臣，先帝所属以辅朕身，敢有毁者，坐之！"自是桀等不敢复言。

这一年，昭帝只有十四岁。他说出这番话后，身边所有人都惊呆了。回过头去找呈报奏章的人，果然没了踪影。

朝廷迅速展开缉捕工作，如果真的抓到那个人，顺藤摸瓜一查下来，主谋们一个都跑不掉。上官桀等人心虚了，劝昭帝这点小事就算了吧，但昭帝不听。只是，那个呈报奏章的人怎么也找不到，案子只能告一段落。

昭帝明确表示：霍光忠于先帝所托，再有谁敢说他的坏话，就抓起来法办。这么一来，上官桀一党就不敢再说什么了。

奏章的破绽

《资治通鉴》记载的这段内容是从《汉书·霍光金日䃅传》采录来的，突出了昭帝小小年纪就格外英明神武、智慧超凡。除此之外，它还反映了一个问题：上官桀在秘书处收到指控霍光的奏章，为什么要请昭帝批示呢？难道昭帝已经亲政了不成？

让我们回顾一下当时的权力结构：昭帝继位时，霍光、金日䃅、上官桀三人"共领尚书事"。所有需要皇帝审阅的公文，都要在尚书手里预处理后再转交给皇帝。也就是说，尚书是个秘书部门，部门主管尚书令（或者中书令）虽然级别不高，但却扮演着关键角色。由于皇帝年幼，尚书的直接领导变成了霍光、金日磾和上官桀，尚书预处理后的公文要交给这三人看，他们看完可以直接代替皇帝做批复。[1]

此外，有一个细节值得我们关注：汉承秦制，汉代官吏每五天休息一天，相当于以五天为一工作周期单休，称为"休沐"，字面意思是休息一下，好好把自己洗干净。（《初学记·卷二十》[2]）金日磾死得早，领尚书事的只剩霍光和上官桀，二人有固定分工：工作日那五天由霍光负责，休息日那一天由上官桀负责。理论上说，所有文件批复都由霍光决定，但实际上，由于两家人先前关系不错，所以在霍光休假的那天，上官桀可以直接批复公文，无须请示霍光。

也就是说，昭帝并没有亲政，由霍光和上官桀轮流行使皇帝的职权。当反霍光联盟实施阴谋时，即便那份假冒燕王刘旦的弹劾奏章内容有破绽，上官桀也可以利用自己行使皇帝职权的那个休息日迅速做出批示，根本不用请示昭帝。

---

1 详见前文第191讲。

2 《初学记》记载："休假亦曰休沐。汉律，吏五日得一下沐，言休息以洗沐也。"

吕思勉先生曾论断这段历史绝非实录。一来代拟燕王刘旦奏章，那么多人不可能都是傻子，奏章内容不可能留下特别明显的破绽；二来《汉书·霍光金日䃅传》说这份奏章是长安城内的阴谋家们炮制出来的，但《汉书·武五子传》说这份奏章就是燕王刘旦本人的上书，这个矛盾要怎么弥合呢？至于惩治霍光的批复为什么发不下来，真相已经不得而知。（吕思勉《秦汉史》）

吕思勉先生虽然怀疑霍光的为人，但在下论断时还是留了很大的余地。不过，知道当时昭帝并没有亲政后，我们可以推测，如果真是上官桀做了这个局，那就根本不会有请示昭帝批示这一步。无论如何，随着上官安之女被立为皇后，上官父子在朝廷的权重确实增加了不少。虽然这个女孩也是霍光的外孙女，但外孙女毕竟没有女儿亲。加上少了金日䃅在其中的制衡，上官家和霍光之间注定会有一场你死我活的较量。

只不过，这场较量孰是孰非，终究会由赢家来书写。

原文：

李德裕论曰：人君之德，莫大于至明，明以照奸，则百邪不能蔽矣，汉昭帝是也。周成王有惭德矣，高祖、文、景俱不如也。成王闻管、蔡流言，遂使周公狼跋而东。汉高闻陈平去魏背楚，欲舍腹心臣。汉文惑季布使酒难近，罢归股肱郡；疑贾生擅权纷乱，复疏贤士。景帝信诛晁错兵解，遂戮三公。所谓"执狐疑之心，来谗贼之口"。使昭帝得伊、吕之佐，则成、康不足侔矣。

古人总是比我们容易轻信，所以司马光并没有看出上述的疑点。他援引唐代名相李德裕的评论，盛赞昭帝的聪明睿智。

但我们作为现代人，免不了又要怀疑了：李德裕真的看不出这些破绽吗？也许他只是揣着明白装糊涂，希望皇帝能够给他更多的信任罢了。

刺杀霍光

原文：

桀等谋令长公主置酒请光，伏兵格杀之，因废帝，迎立燕王为天子，旦置驿书往来相报，许立桀为王，外连郡国豪桀以千数。旦以语相平，平曰："大王前与刘泽结谋，事未成而发觉者，以刘泽素夸，好侵陵也。平闻左将军素轻易，车骑将军少而骄，臣恐其如刘泽时不能成，又恐既成反大王也。"旦曰："前日一男子诣阙，自谓故太子，长安中民趣向之，正讙不可止。大将军恐，出兵陈之，以自备耳。我，帝长子，天下所信，何忧见反！"后谓群臣："盖主报言，独患大将军与右将军王莽。今右将军物故，丞相病，幸事必成，徵不久。"令群臣皆装。

让我们看回元凤元年。反霍光集团一计不成，肯定要又生一计。他们策划了一场鸿门宴，准备刺杀霍光。不仅如此，计划中还有一个计划——上官安准备在刺杀霍光后顺手干掉燕王刘旦，然后废黜昭帝，拥立自己的父亲上官桀为皇帝。

原文：

安又谋诱燕王至而诛之，因废帝而立桀。或曰："当如皇后何？"安曰："逐麋之狗，当顾菟邪！且用皇后为尊，一旦人主意有所移，虽欲为家人亦不可得。此百世之一时也！"

身边有人问："那皇后怎么办呢？"上官安说了一句千古名言："逐麋之狗，当顾菟邪？"字面意思是，追逐麋鹿的猎犬根本顾不上兔子；引申义则是，成大事者不拘小节，要想成就改朝换代的大事，牺牲一个女儿又有什么所谓呢？

对于现代人来说，女儿是父亲的贴身小棉袄，怎么疼都疼不过来，所以我们很难理解上官安的心态。但我们有必要意识到，在古人眼里，无论是儿是女，本质上都是缔结家族联盟的工具。

不仅是上官安，连霍光也是这么做的：他把一个女儿嫁给金日磾，另一个女儿嫁给上官安。女儿越多，女婿越多，政治资源就越丰富。金日磾死得早，嫁进金家的女儿价值达不到预期，但没关系，广种薄收，以概率取胜。这不，嫁到上官家的女儿不就生出了一个皇后吗？况且，父亲能够付出的感情总是有限度的，儿女越多，父爱就被分割得越多，每一个子女得到的父爱也就越少。

霍光反杀

原文：

会盖主舍人父稻田使者燕仓知其谋，以告大司农杨敞。敞素谨，畏事，不敢言，乃移病卧，以告谏大夫杜延年；延年以闻。九月，诏丞相部中二千石逐捕孙纵之及桀、安、弘羊、外人等，并宗族悉诛之；盖主自杀。燕王旦闻之，召相平曰："事败，遂发兵乎？"平曰："左将军已死，百姓皆知之，不可发也！"王忧懑，置酒与群臣、妃妾别。

会天子以玺书让旦，旦以绶自绞死，后、夫人随旦自杀者二十余人。天子加恩，赦王太子建为庶人，赐旦谥曰剌王。皇后以年少，不与谋，亦霍光外孙，故得不废。

然而，消息不出意外地走漏了——霍光的亲密下属杨敞首先知道了反霍光联盟设下的圈套，但杨敞这个人素来胆小怕事，于是把事情推给杜延年，自己休病假去了。

杜延年不怕事，马上把情况汇报给霍光。接下来发生的事就没有悬念了：霍光先发制人，杀光了上官桀、上官安全家，还有桑弘羊、丁外人全家，鄂邑公主被迫自杀。燕王刘旦无可奈何，也只能自杀，刘旦的王后和姬妾二十多人追随而去。

朝廷特别开恩，赦刘旦之子刘建不死，贬为平民。

上官皇后本来也会被牵扯进来，但一来她还是个孩子，二来她毕竟是霍光的外孙女，所以性命和皇后身份都保住了。这会不会是因为霍光心底尚有人性，没有像上官安那样龌龊地想过"逐麋之狗，当顾菟邪"呢？

虽然上官皇后现在还只是个少不更事的小女生，但在躲过这场劫难之后，她将一直安然无恙，而且辈分越来越高，成为霍光手中的一枚大棋。

再看昭帝，他不但还是个没爹没娘的孩子，就连这几年代替母亲养育他的姐姐也被杀了，身边只有一个未成年的上官皇后。至于朝廷里，原本"3+1"的托孤结构，如今金日䃅病死，上官桀和桑弘羊谋反被杀，就只剩下霍光一个人了，不依靠他还能依靠谁呢？

那么，还有人会威胁到霍光的权力吗？

汉昭帝元凤元年至三年

201
御史大夫王訢是怎么上位的

这一讲我们继续留在昭帝元凤元年(前80年),来看政变结束之后一连串新的人事安排。

王訢上位

原文:

庚午,右扶风王訢为御史大夫。

《资治通鉴》首先记载,因为桑弘羊被打成了政变主谋之一,被干脆利落地杀掉了,所以王訢(xīn)就任御史大夫,补了他的缺。回顾桑弘羊这一生,他十三岁时以商人之子的身份进入皇宫，做了侍中，成为武帝的贴身侍从，然后以超人的计算能力为武帝设计财政改革方案，成为武帝一朝中晚期经济政策的总指挥。在那个酷吏横行的时代，二千石高官随时可能坐牢、被杀，甚至被满门抄斩，桑弘羊却在几十年间屹立不倒，熬死了无数同僚，最后甚至熬死了武帝。

到了盐铁议的时候，桑弘羊已经是个老人了，以他的年纪和资历，真的可以退一步海阔天空，回家安享天伦之乐。但他对霍光的恨我们完全可以理解，毕竟他一生引以为傲的政治成就忽然被彻底否定，眼看着自己就要被钉在历史的耻辱柱上，心里该有多少愤懑和不平啊。

这是新任御史大夫王訢在《资治通鉴》中的首次亮相。参考《汉书》的记载，他原本是个基层公务员，因为工作表现出色，一路升迁，做了县令。当时已经是武帝执政的后期了，盗贼蜂起，很多地方官要么被盗贼杀了，要么被酷吏杀了，总之一不小心就会掉脑袋。王訢差点遭受类似的命运——当时，他已经被绣衣直指御史暴胜之一伙人按在屠刀底下，但他求生欲强，反应也快，抬头对暴胜之说了一番道理："您手握生杀大权，已经威震郡国，多杀我一个小县令也不足以给您增威。您不如偶尔展现一下宽恕精神，这样反而会让更多人甘愿为您效死力。"

王䜣通过这番话，展示了高超的政治智慧。他所说的方法可以达到的效果，就是今天我们很熟悉的斯德哥尔摩综合征。暴胜之是个聪明人，不但把王䜣的话听进去了，还很欣赏他的气魄，所以就赦免了他，并推荐他到长安做官。

王䜣到了长安后管理右扶风地区。武帝每次从右扶风经过，看到离宫别苑被精心修缮，驰道也都养护得当，自己一行人要吃喝有吃喝，要用具有用具，觉得王䜣真是太会伺候主子了，该升职。

由此可见，王䜣是个很会做官的人。这一次升任御史大夫，并不是他的职业顶点，很快他还会接替田千秋成为丞相。再交代一句后话：多年之后，王䜣的重孙女嫁给了王莽，王莽篡位之后，王䜣的后人作为外戚，狠狠风光了一些年。（《汉书·公孙刘田王杨蔡陈郑传》）

跨越周期

原文：

冬，十月，封杜延年为建平侯，燕仓为宜城侯，故丞相征事任宫捕得桀，为弋阳侯，丞相少史王山寿诱安入府，为商利侯。久之，文学济阴魏相对策，以为："日者燕王为无道，韩义出身强谏，为王所杀。义无比干之亲而蹈比干之节，宜显赏其子以示天下，明为人臣之义。"乃擢义子延寿为谏大夫。

大将军光以朝无旧臣，光禄勋张安世自先帝时为尚书令，志行纯笃，乃白用安世为右将军兼光禄勋以自副焉。安世，故御史大夫汤之子也。光又以杜延年有忠节，擢为太仆、右曹、给事中。光持刑罚严，延年常辅之以宽。吏民上书言便宜，辄下延年平处复奏。可官试者，至为县令；或丞相、御史除用，满岁，以状闻；或抵其罪法。

除了王䜣之外，还有不少平叛功臣——给霍光通风报信的、擒获上官桀的、诱捕上官安的——都需要加官晋爵。一轮封赏下来，霍光发现朝廷里一下子多了很多新面孔，于是决定提拔一个资历够深、人品够好的官二代接替上官桀做自己的副手。张安世就这样被提拔了起来，担任右将军光禄勋。

这位张安世在前文已经出过场了，他是张汤的儿子。

当年张汤被三长史设计害死，武帝回过味儿来，把三长史杀了，并给予张安世特殊关照，逐步将他提拔起来。[1]

《汉书》还交代了一些关于张安世的细节：他年纪轻轻就在武帝身边担任郎官，不但读书特别用功，记忆力惊人，而且工作兢兢业业，属于那种特别能卷同僚的人，所以深受武帝器重。我们看霍光现在的左膀右臂：杜延年是酷吏杜周之子，张安世是酷吏张汤之子。杜周和张汤当年坏事做尽，用无数无辜者的鲜血换来了自己的平步青云，也换来了家族基业。而杜延年和张安世的为人处世可以说与他们的父亲完全相反。杜张两家的发展轨迹很像传统政治哲学里所谓的"逆取顺守"。刘邦打天下，够狠辣，够无耻，是谓逆取；但在马上打天下，不能在马上治天下，后来惠帝、文帝、景帝就变得各种温良恭俭让，跟刘邦反着来，是谓顺守。

前文讲过，杜氏家族英才辈出，逐渐成长为跨越王朝的世家大族。因为杜延年把家迁到了汉宣帝的陵邑杜陵，所以杜家子弟后来一直自称京兆杜陵人。[2] 同样，张氏家族并没有因为张汤被杀而没落，张安世扛起了家族振兴的大旗，让他的家人得以跨越周期，顽

---

[1] 详见前文第142讲。

[2] 详见前文第196讲。

强地发展下去。老话说，"积善之家必有余庆，积不善之家必有余殃"，但结合这两家的情况来看，这个道理并不成立。

匈奴入侵

原文：

是岁匈奴发左、右部二万骑为四队，并入边为寇。汉兵追之，斩首、获虏九千人，生得瓯脱王；汉无所失亡。匈奴见瓯脱王在汉，恐，以为道击之，即西北远去，不敢南逐水草；发人民屯瓯脱。

本年度的最后一桩大事相当出人意料，竟然是匈奴大举入侵。

先前汉匈关系友好，匈奴不仅把苏武放回来了，还将和亲重新提上日程，怎么忽然间又打过来了呢？

这个问题倒不难理解。无数次历史经验证明，即便是和亲了，匈奴也安分不了几年。这是由匈奴特有的组织结构决定的——单于就算不想打，也控制不住族人和部下想打。但结果呢，匈奴发起进攻的两万人，被汉军斩首加俘虏九千人，还有一名高级首脑被擒获。经此一役，匈奴只能向西北方向远遁了。

原文：

（二年）

夏，四月，上自建章宫徙未央宫。

六月，赦天下。

是岁，匈奴复遣九千骑屯受降城以备汉，北桥余吾水，令可度，以备奔走；欲求和亲，而恐汉不听，故不肯先言，常使左右风汉使者。然其侵盗益希，遇汉使愈厚，欲以渐致和亲。汉亦羁縻之。

昭帝元凤二年（前79年），昭帝从建章宫搬到了未央宫。六月，赦天下。《资治通鉴》没有详细讲的是，这两项举措都伴随着丰厚的赏赐，关怀的对象上到宗室，下到百姓。

匈奴方在那一年的外交态度特别纠结，一方面想和亲，另一方面又拉不下脸面。但不管怎么样，他们的攻击性已经大大减弱了。

灵异事件

原文：

（三年）

春，正月，泰山有大石自起立；上林有柳树枯僵自起生，有虫食其叶成文，曰"公孙病已立"。符节令鲁国眭弘上书，言："大石自立，僵柳复起，当有匹庶为天子者。枯树复生，故废之家公孙氏当复兴乎？汉家承尧之后，有传国之运，当求贤人禅帝位，退自封百里，以顺天命。"弘坐设妖言惑众伏诛。

一年无事，昭帝元凤三年（前78年），年初就发生了灵异事件：泰山有一块大石头自己立起来了，上林苑内一棵枯死的柳树不但活过来了，还有虫子在柳树的叶子上咬出了五个字："公孙病已立。"

今天我们读这段记载，只会感叹一句："这怎么可能？"

但很遗憾，古人没有这个觉悟，以至于事情的真相我们可能永远也搞不清了，所以姑妄听之。董仲舒的弟子、鲁地一个叫眭（suī）弘的人向朝廷上书，以天人感应理论解读这两起灵异事件所蕴含的天意：石头和柳树都属于阴性事物，对应平民百姓。石头竖立，枯柳复生，象征着平民百姓中要出现真命天子。

只是这样一来，汉昭帝该怎么办呢？

也亏眭弘想得出来：汉帝国的皇帝是尧圣人的直系后代，尧圣人当年把天子之位禅让给了舜圣人，而当时的舜圣人只是一届百姓。依此逻辑，汉昭帝也应该效仿当年的尧圣人，把皇位禅让给一个普通百姓，然后自己做小国的封君，就像殷商和周朝的后人一样。

主持朝政的霍光怎么可能相信这样一套混账话呢，当即以妖言惑众的罪名杀了眭弘。但也许真的是天意吧，昭帝驾崩后，最终继位的汉宣帝确实是一位起于民间的天子，而且他的名字就叫"病已"。

原文：

匈奴单于使犁汙王窥边，言酒泉、张掖兵益弱，出兵试击，冀可复得其地。时汉先得降者，闻其计，天子诏边警备。后无几，右贤王、犁汙王四千骑分三队，入日勒、屋兰、番和。张掖太守、属国都尉发兵击，大破之，得脱者数百人。属国义渠王射杀犁汙王，赐黄金二百斤，马二百匹，因封为犁汙王。自是后，匈奴不敢入张掖。

这一年，匈奴又开始动南下的心思。一番战斗之下，匈奴吃了大亏，四千人的队伍最后只剩下几百人。此后，匈奴就变得更加老实了。

202

为什么说汉代正在重回秦律路线

一桩疑案

原文：

燕、盖之乱，桑弘羊子迁亡，过父故吏侯史吴；后迁捕得，伏法。会赦，侯史吴自出系狱。廷尉王平、少府徐仁杂治反事，皆以为"桑迁坐父谋反而侯史吴臧之，非匿反者，乃匿为随者也"，即以赦令除吴罪。

虽然外患消退，但汉帝国有了新的内忧——一桩疑案把朝廷闹得沸沸扬扬。

当年，反霍光团伙政变失败，桑弘羊之子桑迁投奔到了父亲的老部下侯史吴门下。但以侯史吴的能力，他根本无法护桑迁周全，最终桑迁被捕问罪，丢了性命。

随后，侯史吴借着朝廷大赦的机会出面自首。廷尉王平和少府徐仁联合审理此案，认为桑迁并没有参与政变，只不过受了父亲桑弘羊的牵连；侯史吴藏匿桑迁，算不上藏匿反贼。既然天下大赦，那就一道赦免侯史吴好了。

这个判决真的合理吗？

原文：

后侍御史治实，以"桑迁通经术，知父谋反而不谏争，与反者身无异。侯史吴故三百石吏，首匿迁，不与庶人匿随从者等，吴不得赦"。奏请覆治，劾廷尉、少府纵反者。

侍御史核查案件后给出了截然不同的意见：桑迁是熟读儒家经典的精英知识分子，明知父亲谋反却不加劝阻，这跟他本人参与造反没什么区别。侯史吴也不是什么无知百姓，而是当过三百石官员的人，他决定藏匿罪犯，跟无知百姓藏匿普通从犯也有很大的区别，所以绝对不可以赦免。

侍御史不仅主张案件必须重审，还弹劾了廷尉王平和少府徐仁，说他们包庇反贼。

那么，我们到底应该怎么理解这个案子呢？

首先，我们要注意侍御史判词中的一个法律术语："首匿"。"首"的意思是主谋，"匿"相当于窝藏、包庇。也就是说，侯史吴属于窝藏罪的主犯。

东汉初年，梁统有一封很著名的奏章，建议朝廷不要把法律环境搞得太宽松。为了证明自己的观点，他从刘邦"约法三章"开始，历数西汉每一代君主的执法特点，其中提到武帝一朝正值中国隆盛时期，到处打仗，社会上乱得不成样子，所以"重首匿之科，著知从（纵）之律"，不这样严刑峻法的话，就抓不住坏人。（《后汉书·梁统列传》）

侯史吴触犯的正是"首匿之科"，是武帝严打的对象，而桑迁所触犯的刚巧符合"知从（纵）之律"的法意。所谓知纵，就是见知故纵，明知道某人有罪，但睁一只眼闭一只眼。

我们回过头来看看岳麓秦简的《亡律》，其中虽然没提"首匿"这个词，但内容里已经有这层意思了——犯有窝藏罪的一家人里，户主受的惩罚最重，被窝藏的人犯的是什么罪，窝藏他的户主就要同罪处罚，户主以外的家庭成员和本地的基层干部也会受到连带处罚。（陈松长主编《岳麓书院藏秦简（肆）》）

对照汉律，张家山汉简《二年律令》中的《亡律》要比秦律温和一些。首先，它不区分户主和其他家庭成员的刑罚；其次，被窝藏的逃犯如果犯的是死罪，窝藏他的人并不会被判死罪，而会被判"黥为城旦舂",也就是在脸上刺字后去服劳役;只有当逃犯所犯的是死罪以下的其他罪行,窝藏他的人才会按同罪处理。(张家山二四七号汉墓竹简整理小组《张家山汉墓竹简(二四七号墓)》)

这样看来,武帝时代"重首匿之科,著知从(纵)之律",不但回到了秦律路线,甚至变本加厉。武帝元朔五年(前124年),开国元勋灌婴的后人临汝侯灌贤被免去了爵位,罪名是"坐子伤人首匿"——灌贤的儿子打伤了人,他把儿子窝藏了起来,所以朝廷按"首匿"治了灌贤的罪。(《汉书·高惠高后文功臣表》)

诗经断案

父子亲情属于天伦,父亲包庇儿子在儒家看来天经地义。武帝不是"罢黜百家,独尊儒术"吗,为什么此时的法律却铁面无私到了商鞅的程度呢?事情很可能是这样的:武帝执政初期,社会没那么乱,他对儒学的热情也正高,所以那个时候判案会借助儒家精神来软化冷冰冰的法律条文。张汤呼风唤雨的时候,朝廷遇到一些争议不决的疑难案件,还会特意去找董仲舒根据《春秋》大义给出参考意见。(《后汉书·应

劭传》)

当时有一个案子：某甲没有儿子，在路边捡了一个弃婴收养下来，取名某乙。某乙长大成人后杀了人，犯了罪，回家一五一十跟养父说了。于是某甲就把某乙窝藏了起来。这个案子的案情很清晰，嫌犯某乙也很快被抓住了，并没有什么疑点和争议。唯一的问题是，某甲应该定成什么罪呢？根据前面说的《二年律令》的《亡律》，给某甲定罪很简单，在他脸上刺字，让他去服劳役就是了。但董仲舒的看法不一样，他首先明确了某甲和某乙的关系：这两个人虽然不是亲父子，但某甲把某乙从一个弃婴抚养成人，事实上已经构成了父子关系。董仲舒为了增加自己看法的说服力，特别援引《诗经》中的句子："螟蛉有子，蜾蠃（guǒ luǒ）负之。"直译过来就是：飞蛾有儿子，土蜂背起它。

螟蛉是一种飞蛾，蜾蠃是一种土蜂。古人观察到，土蜂会把飞蛾的幼虫扛到自己家去，故而认为土蜂是想把飞蛾的幼虫收为养子。其实，土蜂没那么好心肠，它之所以收养飞蛾，是要拿它们来喂养自己的亲生孩子。

在当时，探讨法律问题时常常会援引诗歌。因为《诗经》属于儒家经典，而不是单纯的文学作品选集。

既然《诗经》认可了螟蛉和蜾蠃的父子关系，那么抚养关系就可以等同于血缘关系。

这倒是符合人之常情，今天我们也会说"生恩不如养恩"。某甲和某乙既然被确认了父子关系，那么接下来就该援引《春秋》大义了。董仲舒在《春秋决事》中说："《春秋》之义，父为子隐。甲宜匿乙。"意思是，《春秋》有"父为子隐"的最高指示，父亲包庇儿子天经地义，所以不该判某甲的罪。董仲舒把自己的意见提交上去后，朝廷果真没给某甲定罪。

田千秋救婿

那么问题又来了：既然某甲无罪，那么临汝侯灌贤也应该无罪才对。前面说了，灌贤的儿子只是伤了人，并没有像某乙那样犯下命案，凭什么灌贤就被判了个"首匿"，被一撸到底呢？

这也许只能解释为：判案时应用什么原则，全看武帝的心意。如果社会还算平稳，犯罪的又只是普通百姓，那就不妨标榜一下儒家精神；但如果社会本来就乱套了，作奸犯科的人很多，甚至到了盗贼横行的地步，那就必须严刑峻法。再加上那些诸侯王和彻侯本来就是武帝的眼中钉，武帝对他们没事都要找事，何况真的有事呢？

回到昭帝元凤三年的侯史吴案件：那个时候，整个法律系统还在武帝晚年司法风格的惯性里。更要命的是，这不是简单的窝藏案，背后是一桩谋反大案，不搞扩大化就已经算大慈大悲了，所以侯史吴肯定在劫难逃。

那么，侯史吴案件的初审官员王平和徐仁是否该担责问罪呢？

原文：

少府徐仁，即丞相车千秋女婿也，故千秋数为侯史吴言；恐大将军光不听，千秋即召中二千石、博士会公车门，议问吴法。议者知大将军指，皆执吴为不道。

徐仁还有个身份——丞相田千秋的女婿。田千秋做了丞相之后，一直寡言少语，安心扮演吉祥物的角色，但这回女婿有难，他老人家不得不下场发力了。

应该是田千秋在霍光那里说话没用，所以他任职以来第一次摆出丞相派头，召集高官和博士官在公车门开大会，讨论侯史吴案到底该怎么判。

田千秋认为，救女婿要从救侯史吴入手，只要会议结论是维持初审判决，徐仁就有救了。霍光再怎么只手遮天，也不得不顺应公议吧？

但田千秋这番操作，一是缺乏政治斗争的经验，二是关心则乱。就算霍光原先有可能放过徐仁，这样一来也必须让徐仁去死了。

与会的官员当然能看懂霍光的意思，更犯不上为了侯史吴和徐仁去得罪霍光，所以大家一致声讨侯史吴罪大恶极。

原文：

明日，千秋封上众议。光于是以千秋擅召中二千石以下，外内异言，遂下廷尉平、少府仁狱。朝廷皆恐丞相坐之。太仆杜延年奏记光曰："吏纵罪人，有常法。今更诋吴为不道，恐于法深。又，丞相素无所守持而为好言于下，尽其素行也。至擅召中二千石，甚无状。延年愚以为丞相久故及先帝用事，非有大故，不可弃也。间者民颇言狱深，吏为峻诋；今丞相所议，又狱事也，如是以及丞相；恐不合众心，群下讙哗，庶人私议，流言四布。延年窃重将军失此名于天下也。"

田千秋没办法，只能硬着头皮整理会议纪要交了上去。霍光不但把徐仁、王平下狱审判，还责怪田千秋擅自召开高层会议，导致"外内异言"，也就是人为制造内朝和外朝的矛盾。

所谓内朝和外朝是武帝时代产生的区分，内朝也叫中朝，以大司马为首，下设有左右前后将军、侍中、常侍等；外朝以丞相为首，下面是六百石以上的朝廷要员。虽然两边都是官，但外朝官相当于中央政府班子，内朝官相当于皇帝的私人班子。（［清］王先谦《汉书补注·盖诸葛刘郑孙毋将何传》）皇帝看中了谁，就给他在原职之外加一个头衔，诸如侍中、中常侍。这类头衔称为"加官"，意味着这个人可以进入皇宫，在皇帝身边办事了。（［清］王先谦《汉书补注·百官公卿表》）

霍光的头衔是大司马大将军，他以内朝领袖和摄政大臣的身份给侯史吴事件定了性；而田千秋的头衔是丞相，他以外朝领袖的身份试图给侯史吴事件翻案。这就是霍光所谓的"外内异言"。现在朝廷里人人都知道，田千秋不但没能救出女婿，还要把自己也搭进去。事情到底会怎么收场呢？

203

霍光是怎么处理乌桓造反的

缓冲器

原文:

光以廷尉、少府弄法轻重，卒下之狱。夏，四月，仁自杀，平与左冯翊贾胜胡皆要斩。而不以及丞相，终与相竟。延年论议持平，合和朝廷，皆此类也。

这一讲我们继续留在昭帝元凤三年（前78年），先来看看侯史吴案件是怎么收场的。

丞相田千秋为了救女婿徐仁奋力一搏，结果弄巧成拙，把自己也搭了进去。徐仁和王平作为侯史吴案的初审官员，被霍光投进大牢。朝廷上所有人都知道，下一个就该轮到田千秋了。

在这个关键时刻，杜延年劝阻霍光：如果把丞相也牵连进去，一定会导致流言四起，这会成为霍光人生履历上的一个污点。所以，不要再把这起案子扩大化了，不要偏离法律和民心太远。

我们从杜延年的发言可以了解到，老百姓难以接受霍光给侯史吴定下的罪名。但霍光能做的最大让步就是放过田千秋，从此，他跟田千秋表面上还是维持着和睦关系。至于徐仁，他于当年四月在狱中自杀，廷尉王平和左冯翊贾胜胡则被腰斩。

这起案件中，徐仁和王平是初审法官，这位突然冒出来的贾胜胡又是谁呢？

这就要怪司马光了。他在记录案情原委时，采录了《汉书·杜周传》的史料，其中并没有提到贾胜胡。而在此处他采录了《汉书·昭帝纪》的史料，交代了贾胜胡与徐仁、王平同罪的情况。司马光在处理这两段史料时，没能很好地把它们衔接起来。

多年以后，霍光已去世，他的儿子霍禹受到皇帝冷落，老部下任宣前来劝解，并与霍禹回顾了霍光一生的风光时刻：当年的两个廷尉李种和王平，还有左冯翊贾胜胡和丞相的女婿少府徐仁，都是因为违逆霍光的意愿而被下狱致死的。（《汉书·霍光金日磾传》）

由此可见，徐仁等人谈不上犯了多大的罪，他们之所以下场凄凉，只是因为没有顺从霍光的意志。而这几个政治斗争的牺牲品，无一例外都是二千石级别的高官，并非普通人。

整起事件中，杜延年的形象尤为突出。先前，他因为直接向霍光揭露上官桀集团的阴谋，不仅封侯，还成了霍光最信任的人。所以，有什么棘手的事情，由他出面劝谏，霍光多多少少听得进去。

杜延年温和宽厚的性格正好与霍光的严峻形成互补。他在朝廷里妥善协调各方关系，起到了调节缓冲的作用。

乌桓造反

原文：

冬，辽东乌桓反。

这一年的冬天，东北边境出了大事：乌桓造反了。

乌桓是怎么回事，我们需要回顾一下汉朝初年的历史。

原文：

初，冒顿破东胡，东胡余众散保乌桓及鲜卑山为二族，世役属匈奴。武帝击破匈奴左地，因徙乌桓于上谷、渔阳、右北平、辽东塞外，为汉侦察匈奴动静。置护乌桓校尉监领之，使不得与匈奴交通。至是，部众渐强，遂反。

当初，北方草原的冒顿刚刚杀了自己的父亲，冒匈奴之大不韪自立为单于。邻居东胡接连派来使者，一方面是想趁乱欺负匈奴，另一方面则是想试探冒顿单于的实力。

东胡先来索取千里马，冒顿给了；又来索要冒顿的漂亮小后妈，冒顿也给了；直到东胡来跟冒顿要一片土地，冒顿终于忍无可忍，毅然决定对东胡发动突袭。根据《资治通鉴》的记载，"冒顿遂灭东胡"，东胡这个曾经的草原霸主就这样被击溃了。冒顿继续用兵，向西逐走月氏，向南吞并楼烦、白羊两族，并顺势侵袭燕国和代国，光复了曾被蒙恬夺取的全部土地。

第三辑里讲过，当时正值楚汉相争，冒顿单于利用这个难得的窗口期迅速扩张实力，兵力达到三十多万，一跃成为草原霸主。

但这里需要澄清一下：东胡只是被击破，并没有被灭亡。活跃在东汉时代的乌桓和鲜卑就是东胡的分支。月氏也没有被逐走，只是被打退了而已。[1] 东胡的一支余部跑到了乌桓山，即今天内蒙古阿鲁科尔沁旗以

---

[1] 详见《资治通鉴熊逸版》（第三辑）第148讲。

北，大兴安岭山脉南端，因山为名，称为乌桓或乌丸；另一支跑到了鲜卑山，同样因山得名，称为鲜卑。不过，鲜卑山的具体位置有很多种说法，有的认为在大兴安岭北段，有的则认为在俄罗斯西伯利亚某地，这里不再深究。我们要关注的重点是，乌桓的活动区域靠近汉帝国的东北边境，而鲜卑人似乎距离汉帝国较远，和汉人暂时没有直接冲突。

乌桓和鲜卑作为东胡余部，常年龟缩在自己的一亩三分地。根据《后汉书》的记载，乌桓在那段日子里被匈奴欺负惨了，每年要向匈奴缴纳马、牛、羊和兽皮，如果未能如期上交，匈奴就会直接抢走他们的妻子和孩子。（《后汉书·乌桓鲜卑列传》）

缓冲区

等到汉武帝拼尽国力打击匈奴，迫使匈奴将重心西移后，乌桓终于松了一口气，可以伸伸胳膊腿了。

对于汉人来说，敌人的敌人就是朋友，不如让乌桓人搬搬家，充当汉帝国防御匈奴的屏障——这就是地缘政治中的缓冲区概念。乌桓人被安置在上谷、渔阳、右北平、辽东等北部边郡的边境之外，相当于背靠汉帝国，直面北方匈奴。这样一来，汉帝国从中段到东段的漫长边境线上就多了一道防护。

然而，乌桓作为草原民族，真的愿意替汉人抵挡匈奴吗？

《后汉书》详细记载了乌桓的风土人情，总体来说，他们的生活方式和匈奴人相近，与汉人有很大差异。（《后汉书·乌桓鲜卑列传》）我们只要回想一下，东胡在冒顿单于兴起之前，可以压着匈奴打，就不难理解他们的民族性了。因此，武帝为了加强控制，特别设置了护乌桓校尉，这是一位二千石级别的武官，驻地就在乌桓移民区内。

今天来看，这种做法如果成功，可以称为战略缓冲区；但如果失败，就可能演变为引狼入室的局面。

果然，乌桓恢复几分元气后，边境冲突时有发生。而同一时期，虽然匈奴仍会南下侵扰，但一来它的实力已经大不如前，二来汉帝国边境防卫相当周密，匈奴接连几次讨不到便宜，也就消停下来了。

这里重申一下：匈奴也好，乌桓也罢，组织结构都相当松散，最高领袖难以约束全部族人，因此在外交上很难维系长久的和平。

以上就是本年度乌桓事件的背景，下面我们来看事件本身。

汉击乌桓

原文：

先是，匈奴三千余骑入五原，杀略数千人；后数万骑南旁塞猎，行攻塞外亭障，略取吏民去。是时汉边郡烽火候望精明，匈奴为边寇者少利，希复犯塞。汉复得匈奴降者，言乌桓尝发先单于冢，匈奴怨之，方发二万骑击乌桓。

事件的起因是，有匈奴投降过来的人向汉政府提供了一条情报，称乌桓人刨了匈奴单于的祖坟。匈奴大为震怒，调动两万大军来找乌桓报仇。面对这一情况，霍光会做出怎样的决策呢？

原文：

霍光欲发兵邀击之，以问护军都尉赵充国，充国以为："乌桓间数犯塞，今匈奴击之，于汉便。又匈奴希寇盗，北边幸无事，蛮夷自相攻击而发兵要之，招寇生事，非计也！"光更问中郎将范明友，明友言可击，于是拜明友为度辽将军，将二万骑出辽东。

护军都尉赵充国先给霍光出主意：狗咬狗而已，随它去吧。如果我们非要过去掺和一下，未来可能会有更多后患。

霍光又征询中郎将范明友的意见，此人主张：打。

就这样，霍光任命范明友为度辽将军，率两万人从辽东出塞。

那么，范明友为什么主张攻打匈奴呢？霍光又为什么同意范明友的主张呢？

很遗憾，史料并没有给出答案。我们唯一知道的是，范明友是霍光的女婿，他对霍光的说服力可能更强一些。

原文：

匈奴闻汉兵至，引去。初，光诫明友："兵不空出；即后匈奴，遂击乌桓。"乌桓时新中匈奴兵，明友既后匈奴，因乘乌桓敝，击之，斩首六千余级，获三王首。匈奴由是恐，不能复出兵。

霍光考虑到匈奴已经占得先机，等汉军赶到时，它们有可能已经击败乌桓，撤回漠北了，所以特别叮嘱范明友："军队出征不能白折腾一趟，如果遇不到匈奴，那就打乌桓吧。"

霍光的意图显而易见：既然军队已经出动，就必须赢得一场胜利，否则很容易引发议论，削弱新政权的凝聚力。

果然如霍光所料，范明友错过了匈奴，于是他忠实地执行霍光的指示，狠狠打了乌桓一顿。

要知道，乌桓刚刚遭受过匈奴的痛击，尚未恢复元气，又遭到范明友这支生力军的猛烈进攻，哪里招架得住。就这样，范明友轻松取得了斩首六千余级、斩杀三名首领的辉煌战绩。匈奴被他的兵威之盛震慑，从此不敢再轻启边衅。

但我们需要注意，乌桓并没有被斩尽杀绝，只要缓过这口气来，他们就该展开报复行动了。到那个时候，范明友还要专程去打乌桓，这正应了赵充国的预言。而匈奴在见识过范明友的兵威之后，不打算和汉帝国正面对抗了，转而采取迂回策略，而这一迂回，又搞出了新麻烦，这是后话。

昭帝元凤三年的大事件到此结束。

汉昭帝元凤四年

204
傅介子为什么申请刺杀龟兹王

昭帝成年礼

原文：

（四年）

春，正月，丁亥，帝加元服。

这一讲我们进入昭帝元凤四年（前77年）。年初发生的第一件大事格外敏感：昭帝举行冠礼。按虚岁计算，昭帝今年年满十八岁，正式成年。

冠礼是传统贵族少年的成年礼，少年会在一个庄重的仪式上戴冠冕，然后由父亲特邀的嘉宾为他取字。

从此，一位头戴冠冕、名有字号的少年正式步入成年行列。

然而，经过秦始皇焚书、项羽火烧咸阳宫以及连年的战乱，儒家经典中仅留下了"士冠礼"的记载。前面提到的仪式——头戴冠冕，嘉宾取字——都是针对传统周代贵族中"士"这个阶层而言的。至于皇帝该如何行冠礼，并没有经典依据。因为在制定周礼时，根本不存在皇帝这个头衔。我们只能确定，即使皇帝行了冠礼也不会取字，因为这个字没有相应的使用场景。

这样一来，对于皇帝究竟在什么年纪行冠礼，学者们各执一词，有的说十三岁，有的说十五岁，还有的说十六岁。但不管他们怎么争论，至少可以看出，昭帝十八岁才行冠礼，已经算是比较晚的了。（［清］王先谦《汉书补注·昭帝纪》）

在皇帝行成年礼期间，普天同庆，各种赏赐和税收减免也随之而来。

原文：

甲戌，富民定侯田千秋薨。时政事壹决大将军光；千秋居丞相位，谨厚自守而已。

在举国欢庆的气氛里，田千秋黯然离世。他虽然贵为丞相，受封富民侯，但在朝廷上只是个吉祥物，什么实权也没有。

那么问题来了：成年后的昭帝按说可以亲政，这些年扮演周公角色的霍光理论上应该功成身退了。只是，权力的诱惑如此之大，食髓知味以后，霍光真的抗拒得了吗？

汉书的记载是："昭帝既冠，遂委任光。"昭帝虽然举行了成人礼，但还是把朝政委托给霍光处置。(《汉书·霍光金日磾传》）这到底是真心的还是出于无奈，我们就不得而知了。

原文：

夏，五月，丁丑，孝文庙正殿火。上及群臣皆素服，发中二千石将五校作治，六日，成。太常及庙令丞、郎、吏，皆劾大不敬；会赦，太常轑阳侯德免为庶人。

六月，赦天下。

夏五月，文帝陵庙失火，引发了一连串的连锁反应，包括大赦天下。但相比接下来的事件而言，这些都是小事。

匈奴杀赖丹

原文：

初，扜采遣太子赖丹为质于龟兹；贰师击大宛还，将赖丹入至京师。

事情还要从当年李广利二征大宛说起。李广利凯旋班师时，途径扜（wū）弥。扜弥这个国家在史书中有很多种写法，领土面积不大，其都城位于今天新疆于田克里雅河以东，当地如今还能看到一些古城遗址。

当时，扜弥国派遣太子赖丹到龟兹国当质子。李广利知道后表示，龟兹国没资格接受外国质子，所有国家送质子，都只能送到长安去。所以扜弥太子赖丹只有掉转马头，跟着李广利前往长安。(《汉书·西域传下》)

原文：

霍光用桑弘羊前议，以赖丹为校尉，将军田轮台。龟兹贵人姑翼谓其王曰："赖丹本臣属吾国，今佩汉印绶来，迫吾国而田，必为害。"王即杀赖丹而上书谢汉。

时光荏苒，转眼间武帝驾崩，昭帝继位，霍光准备实施桑弘羊曾向武帝提出的在轮台以东屯田的方案。

前文讲过，当时桑弘羊等人联名上奏，建议派军队去轮台以东的五千顷良田进行屯田，然后逐渐向西发展，向西域诸国近距离施加压力。但武帝没有批准，还发布了一道很长的诏书，反思自己先前严重低估了战争成本，导致人力物力折损太大，强调今后应当与民休息，好好让老百姓种田、养马。[1] 霍光之所以想推行这个屯田计划，可能是因为当时桑弘羊对自己的未竟事业执念深重。在盐铁议上，民间精英就屯田问题指着桑弘羊骂，说他拿这套方案忽悠了武帝十多年，使国家不堪重负。它搞垮的不是匈奴，而是汉帝国自己。（《盐铁论·伐功》）桑弘羊对此表示不服，反驳说不能因为武帝驾崩就中断讨伐匈奴的事业，否则岂不是为山九仞，功亏一篑？（《盐铁论·西域》）

因此，很可能在上官桀等人的谋反行动尚未开始之前，汉帝国在西域的屯田计划就顺利落实下去了。刚才提到的赖丹太子被任命为负责人——他既有西域小国太子的身份，又在长安生活多年，算是亲汉派，正适合带着一支汉军到轮台以东搞军屯。

轮台距离龟兹不远，赖丹的到来让龟兹人感受到

---

[1] 详见前文第188讲。

明显的威胁。龟兹王果断派出军队击斩赖丹,然后上书向汉帝国谢罪。

龟兹王的这种手段我们已经不陌生了:严控军事行动的尺度,在占了便宜的同时,通过言辞恳切的道歉缓和关系。从龟兹国的角度来看,威胁已经解除,事情最好就此结束,两国最好还是保持原先的一团和气。对于汉帝国而言,虽然吃了亏,但龟兹王给足了台阶,如果自己暂时没有力量发动远征,那就不妨借坡下驴,让龟兹王推出来一个替罪羊,这样既能保全面子,也能维持局面。

楼兰国的麻烦

原文:

楼兰王死,匈奴先闻之,遣其质子安归归,得立为王。汉遣使诏新王令入朝,王辞不至。楼兰国最在东垂,近汉,当白龙堆,乏水草,常主发导,负水担粮,送迎汉使;又数为吏卒所寇,惩艾,不便与汉通。后复为匈奴反间,数遮杀汉使。

差不多在同一时间,楼兰国那边也出现了问题。楼兰国王过世,新王继位的问题迫在眉睫。匈奴得知消息后，第一时间将自己手里的楼兰质子安归护送回国继位。汉帝国获悉此事，随即派使者前往楼兰，要求新王安归到长安朝见，但遭到了拒绝。

楼兰和车师位于西域世界的最东端，扮演着西域世界东大门的角色。此时，车师国已经被汉军灭掉了，这个国家的全部人口都被迁到了汉帝国境内，这使得楼兰的处境更加艰难。[1] 楼兰要伺候往来不绝的汉使，不胜其扰，毕竟这种差事通常不会由安善良民承担。除此之外，楼兰还肩负替汉帝国打仗的重担。武帝征和三年（前90年）攻打车师时，楼兰就在被征兵之列。

这回楼兰新王继位，一发狠，不伺候了。新王安归因为有匈奴给他撑腰，索性跟汉帝国绝交，还不断截杀汉使。

傅介子出场

原文：

其弟尉屠耆降汉，具言状。骏马监北地傅介子使大宛，诏因令责楼兰、龟兹。介子至楼兰、龟兹，责其王，皆谢服。介子从大宛还，到龟兹，会匈奴使从乌孙还，在龟兹，

---

[1] 详见前文第186讲。

介子因率其吏士共诛斩匈奴使者。还，奏事，诏拜介子为中郎，迁平乐监。

安归的弟弟尉屠耆向汉帝国透露了楼兰的内幕，朝廷当即派人通知正在出使大宛的骏马监傅介子，要他好好申饬一下龟兹王和楼兰王。

以上这段内容，史料比较混乱，有一些细节没有介绍清楚。但这不重要，重要的是，傅介子出场了。

傅介子是北地郡人，有义渠血统。（《汉书·赵充国辛庆忌传》）《西京杂记》中记载了"傅介子弃觚"的故事，虽然真实性存疑，但广为流传。觚是古人学习书法用的一种木简。据传，傅介子十四岁那年学习书法，一度扔掉了觚，感叹："大丈夫应当立功绝域，怎么能只是坐在这里写写画画呢！"（《西京杂记·卷三》）

傅介子所谓的"绝域"，就是我们今天所谓"诗和远方"的那个"远方"。只不过，傅介子憧憬远方，并不是要喂马劈柴，而是要在大漠狂沙中杀敌立功，扬名立万。在霍光主持政权的时代，傅介子只是一个负责管理马匹的小官，但他不甘于做这种无聊的工作，便提交申请，希望可以出使大宛。

从长安到大宛的路途千难万险，无论出使还是出兵，途中都会损失惨重，所以被人们视为畏途。但傅介子可不是普通人,他受不了岁月静好,巴不得途中出现些意外,好让他有机会建功立业。

意外就这样来了,他临时受命去申饬龟兹王和楼兰王。说白了,这只是双方心照不宣的一出戏,傅介子只需要严厉申饬,龟兹王只需要真诚悔过,事情就可以翻篇了。但傅介子还做了一件事:发动突袭,斩杀了出使龟兹的匈奴使者。

原文:

介子谓大将军霍光曰:"楼兰、龟兹数反覆,而不诛,无所惩艾。介子过龟兹时,其王近就人,易得也;愿往刺之,以威示诸国!"

大将军曰:"龟兹道远,且验之于楼兰。"于是白遣之。

这场成功的突袭,让傅介子生出了更大的雄心壮志。回国之后,他向霍光提议:龟兹和楼兰反复无常,如果不把他们打疼了,就不足以震慑西域诸国。根据他的亲身经历,龟兹王很容易接近。所以他请命再去龟兹,刺杀龟兹王,以振大汉国威。

这真的是一个过于大胆的计划。霍光表现出他一贯的谨慎,回应道:"龟兹太远了,要不你先去楼兰试试?"

就这样,傅介子率军奔赴楼兰。

汉昭帝元凤四年至六年

205
傅介子是怎么成功刺杀楼兰王的

这一讲我们继续留在昭帝元凤四年（前77年），首先来关注傅介子的表现。

傅介子的升迁

此前，傅介子因耐不住骏马监工作的寂寞，主动申请出使西域。他这一趟出使，不仅顺利完成了既定使命和临时加派的任务，还大胆果断地发动了一场突袭，斩杀出使龟兹的匈奴使者。回国后，傅介子受到嘉奖，拜为中郎，升职平乐厩监。（［清］王先谦《汉书补注·傅常郑甘陈段传》）

我们来看傅介子这一路的升迁：中郎是郎官的一种，郎官虽然都属于围在皇帝身边的侍从官，但随着郎官人数增加，出现了这样的分化——在皇帝内圈的叫中郎，外圈的叫外郎。傅介子被任命为中郎，意味着他和皇帝之间的物理距离和心理距离都较之前拉近了一大截。

然而，中郎毕竟还是郎官，严格意义上只是皇帝的侍从。所以朝廷还要为傅介子安排一个正式官职，把他从骏马监提拔成平乐厩监。

在看傅介子的官职时，我们还要考虑到当时的内朝和外朝双轨制。前文讲过，武帝时代，朝廷事实上分出了内朝和外朝。虽然两边都是官，但外朝官相当于中央政府班子，而内朝官相当于皇帝的私人班子。皇帝看中了谁，就会给他在原职之外加一个头衔，这类头衔称为"加官"。[1]

我们在这个框架里看傅介子的头衔：平乐厩监属于本官，中郎属于加官，这就意味着傅介子已经进入了权力中枢，丞相无法再插手干预他的事务，霍光才是他所在的内朝系统里的最高领袖。

---

[1] 详见前文第202讲。

汉代的外交官

只是，傅介子原来的官职骏马监，顾名思义，是替皇帝管马的，现在这个平乐厩监还是管马的。难不成他并没有被任命为正式的外交官，而只是从低级马倌升职成了高级马倌吗？

确实是这么回事。但这不怪朝廷有眼无珠，亏待了傅介子，而是当时的特殊制度使然。

在我们今天的常识里，外交官必须是高精尖人才，他们年轻时要在外交学院等专业机构接受多年的培训，然后从外交部的基层一步步做起来。毕竟，外交事务不但专业性强，而且高度关乎国家利益，稍有不慎就可能铸成大错。

但我们再看武帝时代的外交官：既可以是文官，也可以是武将；既可以是中央官，也可以是地方官；既可以是二千石的高官，也可以是小兵小卒。只要有人愿意承担出使西域这样的苦差事，朝廷往往来者不拒，并不一定非得是专职的外交官。

例如，古代中国历史上最著名的外交官苏武，他的职位是栘中厩监，也就是在皇家宫苑里管理一座马厩而已。当时，武帝为了糊弄匈奴，临时将苏武加封为中郎将，让他以这一身份持节出使，实际上苏武连一天中郎将的实权都没有过。苏武这个栘中厩监和傅介子的平乐厩监在本质上并没有太大区别。

刺杀楼兰王

原文：

介子与士卒俱赍金币，扬言以赐外国为名，至楼兰。楼兰王意不亲介子，介子阳引去，至其西界，使译谓曰："汉使者持黄金、锦绣行赐诸国。王不来受，我去之西国矣。"即出金、币以示译。译还报王，王贪汉物，来见使者。介子与坐饮，陈物示之，饮酒皆醉。介子谓王曰："天子使我私报王。"王起，随介子入帐中屏语，壮士二人从后刺之，刃交匈，立死；其贵臣、左右皆散走。介子告谕以王负汉罪，"天子遣我诛王，当更立王弟尉屠耆在汉者。汉兵方至，毋敢动，自令灭国矣！"介子遂斩王安归首，驰传诣阙，悬首北阙下。

很快，傅介子开始了第二次出使。他以平乐厩监的身份持节，带着金银财宝，声称这些是汉帝国赏赐给外国的礼物。

按照常理，楼兰王安归应该摆一场国宴接待汉使，虚与委蛇一下。这样既能维持表面的和气，又能获得实惠。但不知道为什么，安归对傅介子相当冷淡，让傅介子完全没机会近距离实施刺杀。

这种时候特别考验使者随机应变的能力。傅介子装模作样地离开楼兰，继续西行，走到楼兰西界时，他对楼兰国送行的翻译官说："我带着一堆黄金和锦缎要赐给西域诸国，如果你们国王不要，那我可就继续出访其他国家了。"傅介子一边说，一边把金银财宝展示给翻译官看。

这套话术每天都要在各种交易环节发生无数次，我们一点都不陌生。但经典就是经典，人始终是吃这一套的。安归得到翻译官的通报后，立刻赶来与傅介子在楼兰西境亲切会晤。酒宴上，傅介子展示了各种宝物，在财富的诱惑和酒精的麻醉下，安归的心理防线彻底被击穿了。

傅介子看时机差不多了，便对安归说："天子有句悄悄话，让我带给您。"毫无戒心的安归随即起身，与傅介子到帐篷里密谈。就这样，安归孤身一人踏进了精心布置的陷阱中——两名事先埋伏好的壮士发动突袭，两柄利刃从安归背后穿胸而过，锋刃在安归胸前交叉，瞬间将其刺杀。场面顿时乱作一团，傅介子马上出来宣布：天子派他来诛杀安归，要立安归的弟弟尉屠耆为王。他警告楼兰人，汉军已经在路上了，若敢轻举妄动，灭国之日就在眼前。

楼兰人真的没敢轻举妄动，只能眼睁睁看着傅介子砍下安归的头颅扬长而去。这颗头颅后来被悬挂在未央宫北阙，示众于世。

以直报怨

使者在外交场合刺杀外国元首，还砍下了人家的脑袋带回去，挂在皇宫大门口给所有人看。对于这种震古烁今的举动，朝廷无论如何都得给出一个说法。

《汉书》确实记载了皇帝诏书。诏书上历数安归的罪状，指出他投靠匈奴，不仅截杀了三批汉使，还截杀安息、大宛派往汉帝国的使者，实在是天理难容，所以朝廷才派傅介子执行这项特殊任务。诏书的最后一句话是："以直报怨，不烦师众。"这是原文，后半句是从功利角度证明事情的合理性，因为暗杀可以省去大军征伐的高昂成本；前半句是援引孔子的话，从道德角度证明这么做的合理性。

有人曾问孔子："可以以德报怨吗？"孔子答道："如果以德来报怨，又该拿什么来报德？所以应当以直报怨，以德报德。"（《论语·宪问》）这里的"直"是"等值"的意思，"以直报怨"意味着"一报还一报"。

在汉人的价值观里，恩怨分明非常重要，有所谓"一饭之恩必偿，睚眦之仇必报"。这种精神竟然也体现在皇帝的诏书里了。那么问题来了：如果汉帝国要和楼兰国讲这套"以直报怨"，就等于承认楼兰国与汉帝国是对等的国家关系，而非宗主国和藩属国的关系。此外，楼兰偷偷截杀汉使，而汉帝国使用诈术诱杀安归，相当于在手段上也追求所谓的"等值"，但这真的合理吗？在儒家的主流价值观里，假如张三偷了李四的一百元钱，李四"以直报怨"的做法一定是通过正当手段惩罚张三，并且取回自己的钱，而不是也像张三一样，用偷或者骗的方式打击报复。所以我们不难想见，这份诏书在后世招致了不少批评，成为霍光"不学无术"的一条佐证。（《全宋文·卷四三一八·以直报怨议》）

霍光确实文化底子薄，对人对事的反应很朴素，没有那么多条条框框。虽然朝廷里有不少高级知识分子，但谁又敢公开批评他呢？

安顿楼兰

原文：

乃立尉屠耆为王，更名其国为鄯善，为刻印章，赐以宫女为夫人，备车骑、辎重。丞相率百官送至横门外，祖而遣之。王自请天子曰："身在汉久，今归单弱，而前王有子在，恐为所杀。国中有伊循城，其地肥美，愿汉遣一将屯田积谷，令臣得依其威重。"于是汉遣司马一人、吏士四十人田伊循以填抚之。

接下来，朝廷该重新安顿楼兰国了。这是一项系统工程：先立安归的弟弟，也就是一直在长安做质子的尉屠耆为王，再给楼兰国改名，改叫鄯善，然后颁发印章，从汉宫中挑选了一名宫女赐给尉屠耆为夫人，并为他们准备了车骑、辎重。

但尉屠耆可不敢就这么回国，他的顾虑很合理：自己在长安待了那么久，回国之后可能会被当成一个外人。毕竟，安归的儿子还在楼兰活得好好的，自己这趟恐怕凶多吉少。他想到了一条对策：楼兰国内有一座伊循城，土地肥美，最好汉帝国可以派一支军队过去屯田，为自己站脚助威。

请求被批准了，不过说来也怪，汉帝国派去屯田的竟然只有四十人，带队军官也只是六百石的司马。如果真的这样安排的话，恐怕很难让尉屠耆安心回国吧？

这又要怪司马光没交代清楚了。根据《汉书》的记载，这四十人只是先头部队，汉帝国随后还会在伊循城设置都尉。(《汉书·西域传上》) 都尉是比二千石的级别，这意味着当地的屯田应该很具规模。现代考古发现也确实证明了这一点。(王炳华《楼兰研究五题》)

原文：

秋，七月，乙巳，封范明友为平陵侯，傅介子为义阳侯。

楼兰的名字从此消失，鄯善成为历史舞台上的新角色。当年秋天，朝廷论功行赏，傅介子受封义阳侯，破乌桓有功的范明友受封平陵侯。

华夷之辨

原文：

臣光曰：王者之于戎狄，叛则讨之，服则舍之。今楼兰王既服其罪，又从而诛之，后有叛者，不可得而怀矣。必以为有罪而讨之，则宜陈师鞠旅，明致其罚。今乃遣使者诱以金币而杀之，后有奉使诸国者，复可信乎！且以大汉之强而为盗贼之谋于蛮夷，不亦可羞哉！论者或美介子以为奇功，过矣！

对于这段历史，司马光的态度不难猜测：国家要有国家体统，就像做人应该有尊严一样。要打楼兰没问题，那就兴堂堂之师，而不是耍流氓手段、鸡贼伎俩。傅介子倒是一击得手了，但此举之后，西域诸国谁还敢相信汉使？更让司马光生气的是，很多人竟然为傅介子唱赞歌，这在他看来实在不可理喻。

不怪司马光动了情绪，因为历朝历代有太多文人墨客歌颂傅介子，从司马光以前到司马光以后，贯穿了整个古代中国历史。华夏政权强盛时，李白在盛唐写下名句"愿将腰下剑，直为斩楼兰"（《塞下曲六首·其一》），好男儿的梦想就是去域外，立奇功。国力衰弱时，比如宋室南渡之后，有张元幹的"要斩楼兰三尺剑，遗恨琵琶旧语"（《贺新郎·曳杖危楼去》），他认为国家的对外政策就应该敢打敢拼，但很无奈，冷冰冰的现实是温言软语搞和亲。不论是激扬奋发、锐意进取的时候，还是国仇家恨、肝胆俱裂的时候，"斩楼兰"这个意象总是能激起人们的热血与共鸣。

不仅诗人们对傅介子赞赏有加，像王夫之这样的大学者也对他推崇备至。生活在明清易代之际的王夫之因身处乱世，对傅介子怎么看怎么喜欢，以至于写下长篇大论为他辩护。

王夫之的立论基于儒家学术中的经典命题"华夷之辨",即华夏和夷狄的关系问题。他认为,华夏是人类,夷狄是禽兽,人类社会里的道德、仁义、体统、脸面只适用于人类,既不能,也不该应用在禽兽身上。傅介子不管用什么手段杀掉楼兰王都无可指摘,不存在任何道德瑕疵,更不会伤害国家体统。试想,如果要郑重其事地找一头狼或一条蛇兴师问罪,岂不是荒唐至极?([清]王夫之《读通鉴论·卷四》)

在人类历史上,"怎样才算人"一直是一个特别严肃的课题。古代中国的经典界分标准是"华夷之辨",对禽兽可以不择手段;而古代西方的经典界分标准是宗教信仰,异教徒都是魔鬼,对魔鬼就必须斩尽杀绝,甚至应该将其烧为灰烬。

王訢去世

原文:

(五年)

夏,大旱。

秋,罢象郡,分属郁林、牂柯。

冬,十一月,大雷。

十二月,庚戌,宜春敬侯王訢薨。

话说回来，元凤四年随着傅介子的封侯而结束，马上进入元凤五年（前76年）。

夏季大旱。秋天，朝廷撤销了南方的象郡，将原属象郡的版图分别划入郁林郡和牂牁郡。

但这条史料很可能出错了，因为当时的版图里并没有象郡。在秦始皇南征时，曾开辟出广西、桂林、象郡，后来象郡归属南越国。汉帝国吞并南越后，在原先象郡的地盘设立了日南郡，但日南郡的建制始终没有被撤销过。（[清]王先谦《汉书补注·昭帝纪》）

冬十一月，出现了不合时宜的雷声。

十二月，宜春敬侯王䜣过世。

这位王䜣在前文登场过，那是昭帝元凤元年（前80年），霍光平定叛乱，上官桀父子和桑弘羊被杀，王䜣补了桑弘羊的缺，就任御史大夫。[1] 不久之后的元凤四年（前77年），丞相田千秋过世。《资治通鉴》并没有记载由谁补了田千秋的缺，但我们知道，只要没有特殊情况的话，丞相岗位一有空缺，顺位补缺的就是御史大夫。这次也不例外，王䜣就任丞相，又依着从公孙弘时代延续下来的丞相封侯惯例，受封宜春侯。

---

[1] 详见前文第201讲。

如今，王訢过世，谥号为"敬"，故称他为宜春敬侯。

乌桓再犯

原文：

（六年）

春，正月，募郡国徒筑辽东、玄菟城。

夏，赦天下。

乌桓复犯塞，遣度辽将军范明友击之。

冬，十一月，乙丑，以杨敞为丞相，少府河内蔡义为御史大夫。

一年无事，时间很快来到了元凤六年（前75年）。

春正月，朝廷招募天下各郡国的服刑人员到辽东和玄菟修筑城防。夏季，赦天下。这两件事可能是相互关联的，因为乌桓要来报仇了，这给东北边境带来了不小的压力。

《资治通鉴》下一条记载就是乌桓进犯边塞，朝廷派度辽将军范明友出兵迎战。上一次对乌桓作战就是范明远率领的，当时他趁火打劫，斩杀三名乌桓首领，斩首六千余级。[1]

冬十一月,朝廷任命杨敞为丞相、蔡义为御史大夫。

元凤六年的大事件到此结束。最后我们可以回顾一下:昭帝已经用过了两个年号,始元年号用了六年,元凤年号也用了六年。换句话说,昭帝即位已经过去了十二年。如我们所见,这十二年,也是霍光一步步清除异己、总揽大权的十二年。

---

[1] 详见前文第203讲。

附录

206
汉宣帝为什么能顺畅地行使皇权

在附录部分，我希望从不同的角度和脉络，对这一辑重点讲述的汉武帝时代做一次大纲式的梳理。首先要梳理的是政治架构。

武帝驾崩后，汉帝国进入了权臣辅佐幼主的模式，霍光几乎只手遮天，甚至能够左右皇帝的废立。正是在这样的背景下，宣帝被离奇地捧上了帝座。

汉宣帝的时代我会在下一辑为你详细讲解，而在第三辑里已经有关于他身世的简单介绍：宣帝出身民间，只是一个顶着皇曾孙头衔的孤苦伶仃的孩子，血统上天然带有政治污点，亲人几乎全部遭遇不幸。那些侥幸活下来的亲人也因种种巧合，隐匿在不为人知的角落，根本不知道宣帝的存在，也就不可能向他提供任何帮助。

你会在下一辑看到，这样一个孩子，一朝登上帝座，竟然能够剿灭树大根深的霍氏家族，指挥若定地调动文武百官，治理国家。纵使他的外交政策和作战方针还谈不上"运筹帷幄之中，决胜千里之外"，但也已经颇有模样了。试想一下，假如宣帝生活在汉朝前期——不必很靠前，只需假定在"诸吕之乱"结束之后——被推上皇帝宝座的不是文帝，而是宣帝，他有机会行使皇帝的权力吗？答案是非常困难。因为当时中央集权的政治架构还远未成型，天下诸侯依然拥有强大的实力。宣帝之所以可以在他生活的时代很顺畅地行使皇权，主要是因为他享受了武帝所奠定的政治架构的基础。

自汉朝开国以来，政治架构的演变脉络清晰可见：共和模式不断削弱，中央集权不断强化，和衷共济终于演变成了乾纲独断。

郡国二元制

刘邦时代的政治结构被称为郡国制或郡国二元制。郡指的是秦朝的郡县制，国指的是周朝的封建制。这两种制度结合后，皇帝直辖的区域——主要是关中地区——实行郡县制，而外围地区实行封建制，诸侯王和彻侯不但各自拥有封国，而且在封国内享有高度的自治权。

对于诸侯王而言，皇帝的直辖区域无非是一个版图大一点的王国，名为汉，和自家的诸侯国没有实质区别。所谓皇帝，只是沿用了秦始皇创立的名号而已，和秦朝的皇帝完全不可同日而语。

换句话说，在诸侯王的眼里，皇帝是汉国的国王，是联邦意义上的天下共主，类似于过去的周天子。因此，他们对皇帝应尽的义务，也只相当于周代的诸侯王对周天子应尽的义务。在自己的封国内，政府怎么组织、官员怎么任免、赋税怎么征收、徭役怎么组织，都是自己说了算，皇帝管不着。

郡国二元制并不是谁刻意安排的，而是历史发展的必然。其背后的逻辑是：秦朝被定性为暴秦，秦朝皇帝被定性为暴君。暴秦和暴君有一个关键罪名，那就是以郡县制取代封建制，武力灭亡了秦国以外的所有独立国家。所以在陈胜、吴广揭竿而起之后，反秦最响亮的口号便是推翻新秩序，恢复旧秩序。

而当项羽成为赢家并主持利益分配时，也不得不尊重这种共识。因此，他恢复了分封制，让义帝充当周天子的角色，而他本人则是西楚霸王。这是一种虚拟的宗法秩序，义帝是天下诸侯的老父亲，项羽是大哥，其他诸侯都是弟弟。老父亲垂拱而治就可以了，操持家务事、在兄弟之间排解纠纷的是大哥，弟弟们都要服从大哥的安排，在大哥的带领下以恭顺的姿态孝敬老父亲。

问题在于，弟弟们有两类不同的人，难以齐心。一类是六国旧贵族，虽然有血统和民望，但在战场上的表现乏善可陈；另一类是战斗英雄，他们英勇善战，为推翻暴秦流血流汗，但血统不够好。项羽在主持分封时重战功、轻血统，没能把人心抚平，所以分封刚刚结束就打起来了，局势混乱，这才让刘邦有了趁火打劫、浑水摸鱼的机会。

楚汉战争结束后，六国旧贵族风流云散，项羽曾面临的难题到了刘邦那里已不复存在。刘邦一口咬定义帝是项羽暗中谋害的，无论真相如何，既然义帝死了，也没有留下后代，那就不可能再从民间立一位新皇。如果义帝还在，那么刘邦作为胜利者，政治架构势必与项羽时代相似——义帝继续扮演老父亲的角色，而刘邦做大哥，统领一众弟弟。现如今，老父亲的位置空缺，大哥是否应该顺理成章地顶替上去呢？

弟弟们都认为应该顶替上去。因为在当时的共识里，大哥虽然可以领导弟弟们做事，但弟弟的身份不能由大哥给，只能由老父亲授予。也就是说，大哥必须得到老父亲的授权，才能主持分封，否则就不够名正言顺。

刘邦在打天下时，手头的资源不多，往往只能靠"画大饼"来调动团队积极性，而当时天下人共同认可的大饼就是分封。所以，刘邦集团有点像今天草莽起家的创业团队，带头大哥给不了多少真金白银，只能抛着给股份。等到江山打下来了，一算地盘，刘邦直辖的区域甚至不到帝国的一半，其他区域都分封出去了。所以，汉朝初期的政治架构虽然是郡国二元制，但郡占的比例小，国占的比例大，看上去更像是周代的封建架构。刘邦的直辖郡县就只相当于周天子的王畿。二者唯一的区别在于，周天子在王畿内继续实行封建制，分封了许多畿内诸侯，在很大程度上依旧只是间接管理；而刘邦在直辖区实行郡县制，由科层制的政府直接管理——所谓汉承秦制，主要体现在这里。

但在中央政府内部，由于政府高层几乎都是和刘邦一道打江山的战友，刘邦在其中也只能算是"第一大股东"。从这个角度看，当时的政府架构约等于共和制，刘邦无法像秦始皇那样乾纲独断，很多事情都必须和大家商量着来。比如废立太子，无论刘邦怎么处心积虑要废掉刘盈，改立宠姬戚夫人生的刘如意为太子，但始终不能如愿，最后也只有叹一口气，无奈放弃。

郡县一元制

刘邦难道不想像秦始皇那样乾纲独断,在群臣面前颐指气使吗?当然想,只是他做不到。汉帝国政治架构的发展趋势在很大程度上被人性锁定了——朝廷内部,共和制注定不会长久;朝廷之外,郡县制注定蚕食封建制,郡国二元制最终将会滑向郡县一元制。

刘邦时代的核心使命是铲除异姓王,确保江山姓刘。

到了文帝、景帝时代,确保江山姓刘的问题解决了,核心使命就变成了削藩,确保江山是自己的。

到了武帝时代,虽然王国和侯国还有不少,甚至在推恩令的作用下,它们的数量反而增加了,但诸侯王和彻侯的政治影响力在武帝削藩组合拳的影响下被大大削弱,郡县一元制终于初具规模。

这是朝廷之外的变化。至于武帝时代的朝廷内部,开国功臣凋零殆尽,武帝成了时间的朋友,充分享受到了时代的红利。共和制从此转变为集权制,朝廷从原来大家有商有量变成了皇帝的一言堂。所以,到了武帝执政的成熟期,汉朝"皇帝"头衔的含金量才终于追赶上秦朝。

秦皇汉武一直都是历史剧的宠儿,因为霸总模式男女通吃，男人迷恋神一样的英明领袖和打遍天下无敌手的老祖宗，女人迷恋睥睨天下的奇男子。影视艺术属于大众艺术，而古代儒学属于精英学术，两者的价值趣味截然不同。在历朝历代的儒家阵营中，对秦皇汉武的批判声浪始终一浪高过一浪。

然而，即便儒家对秦皇汉武的中央集权政治架构再怎么不满，也无能为力。武帝通过跨越半个世纪的超长执政期，深刻塑造了汉帝国政治架构的基础，并以"伴君如伴虎"的政治生态筛选出了一批谨小慎微到近乎病态的官僚。这样一来，已经没有什么力量能对皇权形成有效约束了。这种局面导致霍光以托孤大臣的身份就可以充分行使皇帝的权力，刘氏皇族对此即使不满，也无计可施。

虽然霍光没有走到谋朝篡位这一步，但将来会有王莽。甘蔗没有两头甜，这就是中央集权体制的系统性风险。至高权力只要追求乾纲独断，就必须直面这种风险。

207

如何从开疆拓土的角度看历史

讨论完政治架构后,我们再从军事角度,对汉武帝以及武帝之前开疆拓土的历史做一番梳理。

分封天下

在商周时代,统治者其实非常缺乏开疆拓土的原动力。这倒不是因为他们天性纯良、爱好和平,而是管理水平低,就算白送给他们一片土地,也很难对其实施有效的治理。最高统治者通常只会看管好眼前的一亩三分地。但是,远方的土地也不能完全放任不管,因为它们可能会带来潜在的威胁。不管不行,管又管不住,怎么办呢?

办法是折中:让远方土地上的人们承认自己的权威,认自己当大哥,答应不捣乱,并在有需要的时候提供力所能及的帮助,这就足够了。作为回报,大哥会帮小弟们排忧解难，也会在他们遇到矛盾冲突时主持公道。

了解了这一时代背景，再看武王伐纣：它似乎是改朝换代的大事件，要经过旷日持久的攻防、进退，才有可能攻下商朝国都，擒杀商纣王。但事实并非如此——牧野之战一战定乾坤，反商联军浩浩荡荡杀进国都朝歌，迅速完成了改朝换代。接下来虽然还有几年的战事，但基本上都是征服性质的。到了胜利者瓜分战果的时刻，最高统治者大手一挥，说东边某地归六叔，南边某地归二侄子，既没有靠谱的地图，也没有明确的疆界。只是，无论是六叔还是二侄子，都不可能大摇大摆到目的地上任，因为当地的土著连周天子是谁都不知道，根本不可能认识他们。所以，六叔、二侄子必须带着一伙三亲六戚，明火执仗地杀将过去，把当地土著打服，才能真正控制自己挣来的封国。要是打不过，那也只能自认倒霉。

既然是攻城略地，到达目的地之后就要建立据点，而据点必须具备优良的防御能力，这就是"城"的起源。城内被称为"国"，征服者居住其中，被叫作"国人"；城外则是"野"，遍布着土著，也被称为"野人"。这时就出现了一个问题：如果土著不认同征服者，但又无法与之抗衡，该怎么办呢？

有一个选项叫作逃离自己生活的土地，只是它的代价非常高——如果人们还处在采集和狩猎时代，大可以合则留，不合则去，喂马劈柴，周游世界，此心安处是吾乡。但当时的人们已经进入农耕社会，开垦一块良田并不容易。如果庄稼长势喜人，但离收获季节还有一段时间，人哪里还舍得走呢，沉没成本实在太高了。

当然，那个年代地广人稀，没人管的土地很多，土著们只要豁得出去，大可以转身走人，到征服者鞭长莫及的地方开始新生活。而对于征服者来说，好容易得到了最高统治者的授权，又打下了地盘，从此安享荣华富贵才是人间正道，可不能再干脏活累活了。但如果土著都跑了，谁来干脏活累活呢？尤其是四通八达的平原地带，总不能修一圈栅栏，把所有土著圈起来吧？

所以，征服归征服，对原先生活在这片土地上的人不能太苛刻。只要榨取适度，同时向他们提供武装保护，帮他们排解内部纠纷，土著在哪儿种田不是种田呢？

你退一步，我退一步，于是乎，两种人群逐渐形成了一种共生关系。征服者以前也种田，但在成为征服者之后，摇身一变成了武士阶层。

武士和贵族是一体的，打仗的时候是武士，平日里享受特权，就是贵族。武士贵族们拿一套套的繁文缛节打扮自己——衣服该怎么穿，走路步子该怎么迈，不同等级之间该怎么行礼，凡此种种。这些繁文缛节逐渐被经典化，最终有了一个响亮的名字：周礼。

看看他们穿的，宽袍大袖；再看看他们身上戴的，大大小小成串的玉佩，走起路来叮当作响，为了让玉佩撞击出悦耳的声音，步伐必须从容优雅，不徐不疾。像这样的贵族武士们，怎么可能抡锄头干农活儿呢？

虽然农业在这一时期受到了高度关注，但被关注的只是农业，而不是农民。这跟人们在重视畜牧业的同时，不会对家畜报以太多尊重是同一个道理。

诸侯争霸

当国人和野人的关系逐渐稳定后，各个国虽然名义上尊周天子为共主，但实际上已经成为一个个主权国家，越来越不把周天子放在眼里。

这倒不怪这些诸侯道德底线低，随着时间的推移，一代亲，二代表，三代四代认不到，原先的亲缘关系会慢慢疏远，更何况山长水远，很多诸侯和周天子连见一面都不容易，自然谈不上有多深的感情。

再者，诸侯之间发生纠纷时，理论上应该由周天子主持公道，但事实上，周天子对大小诸侯根本没有约束力。久而久之，礼崩乐坏，王纲解纽，进入了一个"大鱼吃小鱼，小鱼吃虾米"的新周期。

这时，开疆拓土终于变成了一桩有利可图的事情，因为诸侯国自身规模都不大，管理难度也不高，拓展周边地区，多几亩地、多几个人，总是可以增强国力的。

然而，在"礼崩乐坏"初期的春秋时代，我们看到了"春秋五霸"依次登场，这些强国君主最着力的国策是争霸，成为被一群弟弟们高捧着的大哥。霸主要的是一呼百应的效果，虽然也会抢地盘、夺人口，但那只是支线任务。因为，即便他们真的霸占了其他诸侯的国土和人口，也无法实行有效管理。他们最多只是取代周天子的位置，霸占来的土地和人口还是要分封出去，自身并没有获得多大实惠。

秦灭六国

进入战国时期，各国面临的国际竞争压力日益增大。传统的贵族精神被抛在了脑后，就连农民也被要求入伍参战，普遍兵役制就此开始实行。

在"战国七雄"中，秦国的贵族传统最弱、地理优势最大，于是一统天下，把开疆拓土做到了史无前例的程度。但问题是，自从商鞅变法以来，秦国依靠耕战策略立国，对外战争成为推动整个国家运转的发动机。这架发动机一旦启动，就会循着惯性不断运转，最终突破了秦国所能承受的极限，导致国家走向崩溃。

在当时的社会共识里，秦政权这种毫无节制的开疆拓土既没有正当性，也不明智。所以，灭秦之后，项羽顺应人心，试图恢复旧秩序，只满足于做西楚霸王，对开疆拓土并没有什么执念。

等到汉朝开国，虽然汉承秦制，但人们仍视秦政权为异类。

汉朝初年的版图远不及秦朝的全盛时代，然而刘邦和开国元勋们对现有的领土感到非常满足，并不认为应以秦朝的版图为参照标准。

武皇开边

到了武帝时代，汉朝不仅在北方漫长的边境外开边屯田，还因各种机缘巧合，在东方、西方和南方开疆拓土，让帝国版图"胖"了一大圈。然而，我们在这一辑看到，虽然武帝极大地拓展了帝国版图，但这背后既不是利益驱动，也不是耕战制度推动——真正的核心驱动力其实是武帝个人的雄心壮志。杜甫在《兵车行》里写道，"武皇开边意未已"，虽然只是以汉喻唐，但用来形容汉武帝也很贴切。

当然，武皇开边，很多时候并不是通过武力征服，而是当地人主动归附，武帝顺势接管。接管的时候，武帝只算政治账，不算经济账。他还很热衷于扮演"世界警察"的角色，从正当性上看，这是尽宗主国对藩属国应尽的责任，而他在履行责任时，也多是从政治角度出发，而非经济角度。

长此以往，似乎有一种价值观在引导武帝的行动：直辖能力的极限就是帝国版图的极限，大地的极限就是宗主国履行责任的极限。

至此，我们看到，历代君王开疆拓土，行为相同，但背后的动机各不相同——"战国七雄"为的是富国强兵，以应对日益激烈的国际竞争，秦始皇是因为耕战的制度惯性，汉武帝则是因为他个人的雄心壮志，恰好他也具备了家底殷实，集权体制成形和超长的政治生命这些基础性的条件。

但别忘了，汉武帝的头上还有一个"罢黜百家，独尊儒术"的标签，既然"独尊儒术"，为什么儒家学术的温文尔雅对他的雄心壮志没能起到一点约束作用呢？既然"独尊儒术"，为什么酷吏政治还能在武帝时代登峰造极呢？

208

独尊儒术的汉代为什么遍地酷吏

常识道德

今天我们提到儒家思想,想到的往往是《论语》《孟子》里的道德箴言,觉得孔老夫子和孟老夫子在慈眉善目地教导我们做人的道理。日常生活中,如果我们能早早领会这些古代智者用一生总结出来的闪亮金句,应该就可以避开很多坑。就拿"吾日三省吾身"这句话来说,如果每天都能反省三次,哪怕打个折,只反省一次,对个人成长也大有益处。

不过转念一想,这也没什么特别的,那些经历丰富的人总能总结出一套人生智慧。即使一个人没有什么文化修养,只会说"天上不会掉馅饼"或"条条蛇都咬人"这样的大白话,难道在智慧的深刻性上就一定比不上《论语》《孟子》中的道德箴言吗?

对此,质疑声音最大的莫过于黑格尔了。他认为

《论语》不过是一些常识道德,"这种常识道德我们在哪里都找得到,在哪一个民族里都找得到,可能还要好些,这是毫无出色之点的东西。孔子只是一个实际的世间智者,在他那里思辨的哲学是一点也没有的——只有一些善良的、老练的、道德的教训,从里面我们不能获得什么特殊的东西"。([德]黑格尔著,贺麟、王太庆译《哲学史演讲录(第一卷)》)那么,黑格尔为什么会对《论语》持有这样的看法呢?

首先,这可能是因为黑格尔的哲学体系本身是一套叠床架屋的恢宏体系,虽然以今天的知识来看,这套体系不过是建在沙子上的高塔,但它的确结构严密,任何一个结论都有一整套体系的支撑。相形之下,《论语》显然缺乏这样的系统化,其中任何一句道德箴言都是单摆浮搁的,"吾日三省吾身"和"天何言哉"之间有什么关系呢,支撑它们的体系又在哪里呢?

其次,《论语》很多内容都有特定的时代背景。若结合当时的背景去理解,这些话可能意味深长;但脱离了这些背景,它们看起来的确像是一些基本的道德常识。

再次,黑格尔所接触的儒家经典是翻译版本,在那个年代,"四书"在中国的传播远远超过了"五经",这导致黑格尔将《论语》视为儒学的代表。如果他看到的是《春秋繁露》或者《春秋公羊传解诂》的高质量译本，那么他对儒学的看法可能会完全不同。这两部汉代的公羊学经典，虽然在内容的严谨性上可能不如《论语》，但在体系化和宏大程度上，有可能会让黑格尔自叹不如。

儒法结合

在一些思想史著作里，武帝崇儒的动机被理解得非常高大上，比如有这样的说法："汉武帝接受亡秦教训，根据当时社会政治形势以及建构封建思想文化体系的需求，即位之初，就反黄老而启用好儒术的人物……"

但我们通读《资治通鉴》，逐年追踪历史大事件，再看到这样的观点时就不容易轻信了。

因为这一辑的很多历史事件告诉我们，武帝不过是年轻气盛，套用评书里的话说，就是"小马乍蹄嫌路窄，大鹏展翅恨天低"。而儒学又是建明堂，又是搞封禅，招招式式一个比一个华丽，正好激发了武帝的欲望和野心。

在当时，除了儒学之外，还有黄老之术，要求皇帝清净无为，多一事不如少一事，显然要遭嫌弃。

剩下的就是法家思想了。虽然以法家原则搞管理确实得心应手，但一来"法家"和"暴秦"这两个概念成双成对，标榜法家的话，就等于公然重蹈暴秦的覆辙，有违当时全社会的共识，因此需要"外儒内法"，用儒家的温情面纱来掩饰"以法治国"的冷酷本质。二来"以法治国"这种一味追求管理效率的方式对于汉武帝来说太无趣了，当皇帝怎么不追求盛大和华丽呢？这就好比我们看格斗擂台赛，大家的打法都简单直接，所有多余的动作都在一次次过招之后被淘汰了，但这种实用的打法显然欠缺观赏性，不如动作片里由武术指导精心设计出来的打斗场面那样过瘾。

在汉武帝时代的政治实践中，法家思想就像格斗实战技法，简洁高效；而儒家思想则更像电影中精心设计的武打场面，设计精巧、华丽壮观，充满了戏剧性和吸引力。

微言大义

在当时的儒学经典中，最引人注目的莫过于《春秋》。人们普遍认为，《春秋》是孔子为后世制定的一部国家法典、一套理想社会蓝图，足以为任何雷霆手段提供理论支持。但事实上，《春秋》不过是春秋时代鲁国的一部极简编年史，怎么就变成国家法典和社会蓝图了呢？

最有可能的原因是，秦始皇焚书和项羽火烧咸阳后，文化几乎出现了断层，读书人能找到的书寥寥无几，一旦得到一本书，就会扎进去反复研读。而一个人只要拿出这种精神去读书，很容易从字里行间咂摸出深刻含义。只是，先秦时代的古汉语的表意能力很有限，加之抄写过程中还可能丢字和错字，比如一个叫仲孙何忌的人忽然被写成了仲孙忌，在当时是很正常的现象。在我们看来，这可能是抄写错误，但当时的学者却不会这么认为。相反，他们会认为这些看似矛盾或不合理之处，正是孔子刻意安排的深意所在。就这样，他们发现了很多所谓的"微言大义"，而这些"微言大义"在师徒之间口口相传，最终形成了文本，这就是《春秋公羊传》。

在西汉时期，《春秋》学基本等同于公羊学，儒家知识分子从公羊学的角度来理解《春秋》中的"微言大义"，也就是《春秋》大义，并将它们运用于真实的政治生活。

而公羊学因其深挖"微言大义"，天然具有强大的解释力，既可以拿来支持，也可以拿来反驳观点。如何支持和反驳，完全取决于谁能更灵活地解读、谁能更准确地把握住武帝隐秘的内心。所以，当公羊学、中央集权、"以法治国"的法家传统结合起来后，武帝不管怎么为所欲为，都可以从儒家理论库里找到冠冕堂皇的依据。

此外，汉代儒学还和方术合流，封禅就是一个典型的例子。前文总结过：儒学向方术学技术，方术向儒学要旗帜。你情我愿之下，竟然得到了一个双赢的结果。我们更可以理解，为何汉武帝一方面"罢黜百家，独尊儒术"，另一方面又痴迷于求仙炼药，因为两者其实是一回事，至少在汉武帝本人的理解中是一回事。[1]

---

[1] 详见前文第077讲。

209

为什么武帝用人可以不拘一格

《公孙弘传赞》

这一讲，我们将通过《汉书·公孙弘卜式儿宽传》中的一段评论，来探讨汉家隆盛时期人才辈出的局面。

班固之所以把公孙弘、卜式、儿宽这三位名臣的事迹合写在一篇列传中，是因为他们有一个相似的背景：都是出身寒微的底层人士，但凭借各自的才能，一步步登上了权力金字塔最逼近塔尖的位置。

班固在叙事结束之后，发表了一段充满感慨的"赞"。这种文体具有史论性质，其内容超越了三位人物的个体命运，升华为对这一段历史的全景式评价。因此，它在历朝历代都很受重视，甚至在非常注重文学性的《昭明文选》中也占有一席之地。我们读《昭明文选》，会看到这篇赞被题为《公孙弘传赞》。

古人编选文章取标题通常较为随意，若按照今天的标准，这篇文章应命名为《汉书公孙弘卜式儿宽传赞》。显然，昭明太子嫌它太累赘，简化成了《公孙弘传赞》。然而，唐朝书法家褚遂良有一幅特别出名的书法作品，用正楷抄写班固这篇文章，并刻石立碑，书法圈称这幅作品为《兒宽赞》，而非《公孙弘传赞》。这是因为班固依次交代了公孙弘、卜式和兒宽的生平，兒宽排在最后，在叙述完兒宽的事迹后，才附上了那篇赞文。所以，排在兒宽传记之后的赞文就被称为《兒宽赞》。大家都是断章取义，大哥莫说二哥。只是我们要知道，《公孙弘传赞》和《兒宽赞》其实是同一篇文章就可以了。那么，为什么一段附在列传后的史论，能够体现出一个时代的风貌呢？唐代史家刘知幾曾提出异议，这段文字应该安排在《汉书·武帝纪》或者《汉书·宣帝纪》的末尾，都怪班固太马虎，没把史书的体例搞清楚。（[唐]刘知幾著，张振珮笺注《史通笺注》）在刘知幾看来，这篇《公孙弘传赞》足以展现西汉全盛时代的蓬勃气象。我们有必要领略一下原文：

公孙弘、卜式、兒宽皆以鸿渐之翼困于燕爵（雀），远迹羊豕之间，非遇其时，焉能致此位乎？是时，汉兴六十余载，海内艾（乂）安，府库充实，而四夷未宾，制度多阙。上方欲用文武，求之如弗及，始以蒲轮迎枚生，见主父而叹息。群士慕向，异人并出。卜式拔于刍牧，弘羊擢于贾竖，卫青奋于奴仆，日䃅出于降虏，斯亦曩时版筑、饭牛之朋已。汉之得人，于兹为盛。儒雅则公孙弘、董仲舒、兒宽，笃行则石建、石庆，质直则汲黯、卜式，推贤则韩安国、郑当时，定令则赵禹、张汤，文章则司马迁、相如，滑稽则东方朔、枚皋，应对则严助、朱买臣，历数则唐都、洛下闳，协律则李延年，运筹则桑弘羊，奉使则张骞、苏武，将率则卫青、霍去病，受遗则霍光、金日䃅，其余不可胜纪。是以兴造功业，制度遗文，后世莫及。孝宣承统，纂修洪业，亦讲论六艺，招选茂异，而萧望之、梁丘贺、夏侯胜、韦玄成、严彭祖、尹更始以儒术进，刘向、王褒以文章显，将相则张安世、赵充国、魏相、丙吉、于定国、杜延年，治民则黄霸、王成、龚遂、郑弘、召信臣、韩延寿、尹翁归、赵广汉、严延年、张敞之属，皆有功迹见述于世。参其名臣，亦其次也。

汉家隆盛

这篇文章里提到的大多数人物我们已经很熟悉了，少数生面孔很快也会在下一辑讲到。唯一需要解释的，在列举卜式、桑弘羊、卫青、金日䃅时，有一句"斯亦曩时版筑、饭牛之朋已"。这里的"版筑"是指商高宗武丁从筑墙的苦役当中慧眼识傅说,提拔他为宰相;"饭牛"指的是齐桓公听到喂牛的甯戚敲着牛角唱歌,发觉此人不凡,当即载他回城,委以重任,后来甯戚果然成为一代名臣。在班固看来,汉武帝的识人之明不亚于商高宗和齐桓公,这也是为什么汉武帝的政府班底人才济济,开创了汉朝的辉煌局面。"汉家隆盛"这个词语,出自《史记·梁孝王世家》中的一段"太史公曰":梁孝王之所以穷奢极欲,一方面是因为有窦太后的疼爱,另一方面也是因为他正赶上"汉家隆盛",这是汉帝国的繁荣期,百姓富足。然而在班固的笔下,武帝一朝才是巅峰。班固的原话是,"兴造功业,制度遗文,后世莫及。"至于宣帝,班固认为他虽能干,但只是继承了武帝的遗产;宣帝时代的名臣虽然也很出色,但相较于武帝时代的还是略逊一筹。那么,武帝一朝的"兴造功业,制度遗文,后世莫及"到底是怎么形成的呢?班固讲得很清楚,因为"上方欲用文武,求之如弗及"。也就是说,武帝迫不及待地要建立文治武功,所以才会求贤若渴。而他既有求贤若渴的动机,又有慧眼识人的能力,所以人才如滔滔江水般涌现,成就了这一时期的繁荣辉煌。

工具人

只是，我们应该留心一处细节：武帝一朝的杰出之士很多都没得善终。

武帝曾直言，人才是取之不尽的资源，趁手时就用，不趁手了就杀掉。朝气蓬勃的新人如果变成了老兵油子，杀掉再换就是了。[1] 这种"工具人才论"才是武帝真正的用人之道。而之前提到，儒家的用人哲学讲求"师、友、臣"的和谐组合。统治者身边的各类人才中，既需要有老师型的，可以让统治者虚心请教；也要有朋友型的，能平等探讨问题；还要有小弟型的，能够忠诚地执行命令。魏文侯之所以被视为用人的典范，就是因为他完美实现了"师、友、臣"的组合。

两相对比，倒不能说魏文侯的境界高于汉武帝，核心原因在于两人所处的环境不同——魏文侯如果像汉武帝一样用人，人才肯定留不住，都跑去外国了；汉武帝却完全没必要像魏文侯一样用人，因为人才就算要跑，最多也就是跑去匈奴，对他们来说，这所需要付出的代价实在太高昂了。

其实，都不用和魏文侯比，把汉武帝和汉惠帝、

---

[1] 详见前文第127讲。

汉文帝相比就足够了：汉惠帝拜曹参为相，明明心有不满，却不好意思直接跟曹参提，还要煞费苦心地拜托曹参的儿子回家对老爹旁敲侧击。汉文帝用贾谊，明明各种满意，但因为元老们不满意，文帝也只有把贾谊打发到外地，这就是唐人王勃在《滕王阁序》里感叹的"屈贾谊于长沙，非无圣主"，汉文帝不是昏君，只是当时形势所限，不得不委屈贾谊。这个现象背后的原因，柏拉图在《理想国》中有所揭示。书中设定的场景是格劳孔和苏格拉底探讨何谓正义，格劳孔讲了一个远古时代的牧羊人的故事：牧羊人偶然得到了一枚戒指，只要戴上这枚戒指就可以随意隐身。而牧羊人凭借这枚戒指，勾引王后，谋杀国王，夺取王位，登上了国家的权力顶峰。格劳孔的结论是："可以想象，只要有这样的法宝在手，没有一个人还会坚定不移地继续正义下去，没有一个人会克制住自己的欲望而不去拿别人的财物。如果可以在市场上想拿什么就拿什么，可以随意地穿门越户，随意调戏女人，随意杀人越货，总之，如果一个人就像全能的神一样，可以随心所欲地做任何事情，我敢说，那个正义的人和不义的人最后只会变得一模一样。"（[古希腊]柏拉图，郭斌和、张竹明译《理想国》）现实中，牧羊人的戒指对应的就是至高无上的权力。汉文帝虽然坐在皇帝宝座上，名义上拥有至高权力，但实质上这份权力受到许多制衡，即便是像秦始皇或秦二世这样的人，处在汉文帝的位置，也无法肆意妄为。然而这些制约因素一方面随着时间的推移逐渐消失，一方面持续遭受皇权的打压。到了汉武帝时代，制衡力量就约等于零了。

假如贾谊生活在武帝时代，武帝自然可以随心所欲地提拔、罢免甚至杀掉他，不用顾忌任何人的意见，更不必考虑什么论资排辈的传统。

事情就是这么简单：只有在集权模式下，才会出现不拘一格用人才的场面。

那么，为什么像班固这样的史学大家没有看透这个看似简单的道理呢？对于我们来说，看待当代史或近代史，不论多么努力地去了解每一处细节，我们是否也会因为"当局者迷"或"关心则乱"而陷入同样的困境，难以跳脱出班固式的视野呢？

210
为什么赋成了汉代文学的主流

这一讲,我会把《资治通鉴》刻意规避的文学作为线索,回顾汉代的文学成就。

今天提到古代文学,我们知道每个时代都有其最流行的文学形式。唐诗、宋词、元曲是我们最熟悉的,其次是明清小说。如果再往前追溯,还有汉赋和六朝志怪。大多数人对唐诗宋词多少有些了解,但提到汉赋,往往就感到陌生。我们在读历史时,会注意到汉武帝酷爱司马相如的作品,读《大人赋》时"飘飘有凌云志气",但实际上,我们很难对汉武帝的这种偏爱产生共鸣。如果我们自己去读《大人赋》或其他汉赋作品,就算排除语言理解上的障碍,首先感到难以忍受的可能就是它的篇幅——实在是太冗长了。

我们读唐诗,像"春眠不觉晓,处处闻啼鸟。夜来风雨声,花落知多少",寥寥二十字,言简意赅,意境高远。汉赋恰恰是"言简意赅"的反面,作者要表达的意思往往很简单,一句话就能说清楚,但他们偏偏要用千言万语,极尽铺陈之能事。

当时的人为什么会喜欢这样的文学作品呢?

文化沙漠

答案很简单:当时的文化娱乐太少了。

我们生活在一个信息爆炸的时代,海量的信息唾手可得,仅仅在得到 App 上就有看不完的书。关掉得到 App,还有无穷无尽的电影、电视剧。我们对冗长的内容天然就有抵触心理,这也是短视频和短剧风靡一时的原因。我们对信息的要求是言简意赅,拒绝一切烦琐的铺陈。理解了这一现象的成因,再反观汉朝人,就很容易理解了。

汉是在一片文化沙漠上建国立业的,娱乐项目极少,尤其是与文化相关的娱乐,几乎为零。在这种环境之下,文化事业就会格外注重粗粮细作,还很在乎摆盘的效果。主菜虽然只有几颗黄豆,但必须装在一个蓬莱仙境造型的大盘子里,旁边又是插花,又是烛光,还有干冰营造云山雾罩的效果,不然怎么吃出高级感呢?

这种风气在学术领域非常盛行,讲究从字里行间抠出深意，从一个字里引申出千言万语；在文学领域也是如此。因此，当文本数量增多，文化娱乐形式丰富起来时，像这样的学术和文学风气自然会走向衰落，不用等到两千多年后的今天。

不过，汉赋虽然衰落得快，但名义上的地位一直很高。历朝历代的文人骚客编辑文学作品，总是把赋排在前面，然后才是诗词。以纳兰性德的《通志堂集》为例：在这位以填词著称的清代文人的文集中，卷一是五首赋，卷二是五言古诗四十四首，卷三是五言古诗五十六首和七言古诗九首……所有诗歌作品结束后，从第六卷起才开始收录词作。由此可见，虽然汉朝以后大家写赋的热情并不高，但总要写几篇出来装点门面。

汉赋起源于楚辞，因为汉朝的开国君臣大多来自楚地，所以容易接受楚辞风格的文学作品。虽然今天我们会把《诗经》和楚辞当成先秦文学的南北两大代表，但在汉人的观念里，《诗经》属于学术范畴，是政治哲学经典，和楚辞完全不是一回事。

诗以明志

在当时，也有人写《诗经》风格的四言诗，比如以诗礼传家的大儒韦孟。他曾担任楚元王刘交的太傅。而当楚国王位传给刘戊时，韦孟看不惯刘戊的荒淫无道，尽职尽责地进行规劝。这份劝谏书就是一首特别冗长的四言诗："肃肃我祖，国自豕韦……"一开头便追溯祖先，接下来全篇都是说教。年轻狂妄的刘戊自然不爱听，今天也少有人有耐心把它读完。

《汉书·韦贤传》收录有这首诗的全文，但没有标题。后人根据其内容拟了标题，有的叫它《韦孟谏楚王戊诗》，也有的称其为《讽谏诗》。顾名思义，这首诗完美继承了汉人理解的《诗经》讽谏传统，"规劝"才是应该放在第一位的，至于文学性强不强，并不在考虑之内。《文心雕龙》评价："汉初四言，韦孟首唱，匡谏之义，继轨周人。"（《文心雕龙·明诗》）意思是说，汉朝的原创四言诗起始于韦孟，韦孟写四言诗，继承了《诗经》时代的规劝传统。

韦孟最终没能劝动刘戊，只好辞职回到山东老家。这次，他又写了一首四言诗——不是为了劝谏谁，而是为了表达自己的志向。

要说写诗以明志，我们很容易想到"人生自古谁无死，留取丹心照汗青"或者"我自横刀向天笑，去留肝胆两昆仑"，不管过去多少年，读起来始终激荡人心。而韦孟的诗是这么写的："微微小子，既耇且陋。

岂不怀位，秽我王朝……"意思是，我这个渺小的小人物啊，又老又丑，可我为什么要辞职回老家呢，难道我不留恋我的官位吗，还不是担心我这个不中用的老头子把朝廷弄脏了嘛……下文还有不少内容，但基本都是这个风格。《汉书》交代了一笔，有人认为这首诗并非韦孟所作，而是他的后代为了追述先人的志向而假托的。(《汉书·韦贤传》) 但无论如何，诗终归是汉朝的诗。

诗体流变

正因为《诗经》在当时的地位太崇高，所以仿效《诗经》的四言诗必须亦步亦趋，不能有半点出格的地方。汉赋也面临类似的局限，作为主流文学体裁，不应偏离正统去搞创新。因此，真正的创新往往出现在那些"非主流"的领域，比如李延年所唱的那首歌："北方有佳人，绝世而独立……"如果抛开音乐的部分来看，这就是一首像模像样的五言诗，只不过当时的人们并不把它当成诗，而是将其视为通俗歌曲的歌词。在古人的主流意见里，五言诗的始祖是李陵写给苏武的一组诗作，我们只看第一首：

良时不再至，离别在须臾。

屏营衢路侧，执手野踟蹰。

仰视浮云驰，奄忽互相逾。

风波一失所，各在天一隅。

长当从此别，且复立斯须。

欲因晨风发，送子以贱躯。

诗的场景是送别，把命运的无常感、小人物在大时代动荡下的无力感表达得淋漓尽致，特别容易唤起共情。沈德潜在《古诗源》点评这首诗说："一片化机，不关人力，此五言诗之祖也。"这首诗浑然天成，一点都没有刻意搞创作的痕迹，不愧是历史上的第一首五言诗。

说这首诗浑然天成倒也不错，但它肯定不是历史上的第一首五言诗，甚至可能并非李陵所作。古人对李陵和苏武有唱有和的五言诗就已经存疑，现代学者在撰写古代文学史和编选古代文学作品时，基本上已不再将这些作品归于李陵和苏武名下，而通常认为是东汉末年乃至魏晋六朝时期无名氏的创作。尽管如此，如果我们设身处地去体会古人的情感，也确实只有这种风格的五言诗才配得上"五言诗之祖"的称号，正如《诗经》是四言诗之祖，楚辞是骚体之祖一样。如果把"北方有佳人"那样的作品当成"五言诗之祖",实在有辱斯文。

关于七言诗的起源,古人也认为它出现在汉武帝时代,甚至说发起者就是汉武帝本人,这在《文心雕龙》中被概括为"孝武爱文,柏梁列韵"。前文讲过,元鼎二年(前115年)兴建柏梁台,传说汉武帝在柏梁台上让群臣创作七言诗,后世的七言诗就是从这里发端的。诗的写法是联句,也就是一人一句,句句押韵,先后二十六个人,二十六句诗凑成了一整首诗,后人把这种句句押韵的诗歌体裁称为柏梁体。[1]这首诗的文学性乏善可陈,我们只看前几句,观其大略就好:

日月星辰和四时。
骖驾驷马从梁来。
郡国士马羽林材。
总领天下诚难治。
……

这首诗被后人称为《柏梁台诗》。南北朝时期,南梁学者任昉创作《文章缘起》,考察各类文学体裁的起

---

[1] 详见前文第143讲。

源，将《柏梁台诗》考订为史上第一首七言诗，同时也是第一首联句诗。但任昉的考订有不少破绽，所以说服力并不太强。梁启超先生怀疑这首诗甚至不是汉朝的产物。（梁启超《中国之美文及其历史》）不过，王力先生通过对诗中韵脚的分析得出结论："这诗也有人疑心是伪作。但从押韵上说，之哈同部，正是先秦古韵，可见这即使不出于武帝时代，也不会相差太远。其中只有一个'危'字出韵；'危'字在先秦是支部或脂部字。这适足以证明支脂之三部在汉代的音值已渐渐接近，可以勉强同用了。"（王力《汉语诗律学》）当然，审慎的考订是一回事，古人的主流观念是另一回事。

在古人看来，飓风起于青蘋之末，后世成为文学创作绝对主旋律的五言诗和七言诗，都诞生于我们这一辑重点讲述的汉武帝的时代。

就到这里吧，我们下一辑再见。

图书在版编目（CIP）数据

资治通鉴：熊逸版.第四辑，汉家隆盛/熊逸著.
北京：新星出版社，2024.9. -- ISBN 978-7-5133
-5754-8

Ⅰ.K204.3-49
中国国家版本馆CIP数据核字第20240RW646号

资治通鉴：熊逸版．第四辑，汉家隆盛
熊逸 著

责任编辑	汪 欣	**总策划**	李 倩　白丽丽
策划编辑	翁慕涵　张慧哲	**装帧设计**	别境lab　周 跃
营销编辑	陈宵晗　chenxiaohan@luojilab.com		
	吴 思　wusi02@luojilab.com		
内文制作	吴 九	**责任印制**	李珊珊

出 版 人	马汝军
出版发行	新星出版社
	（北京市西城区车公庄大街丙3号楼8001　100044）
网　　址	www.newstarpress.com
法律顾问	北京市岳成律师事务所
印　　刷	北京盛通印刷股份有限公司
开　　本	787mm×1092mm　1/32
印　　张	62
字　　数	1000千字
版　　次	2024年9月第1版　2024年9月第1次印刷
书　　号	ISBN 978-7-5133-5754-8
定　　价	399.00元（全九册）

版权专有，侵权必究。如有印装错误，请与发行公司联系。
发行公司：400-0526000　总机：010-88310888　传真：010-65270449